Manual que acompaña

¿Qué te parece?

···

Intermediate Spanish

D1404876

Manual que acompaña

¿Qué te parece?

....

Intermediate Spanish
Third Edition

Segunda parte
(Unidad 4–Unidad 6)

James F. Lee
University of New South Wales (Sydney, Australia)

Dolly Jesusita Young
University of Tennessee

Sean P. McGuire
Indiana University

Donna Deans Binkowski
University of Massachusetts

Boston   Burr Ridge, IL   Dubuque, IA   Madison, WI   New York   San Francisco   St. Louis
Bangkok   Bogotá   Caracas   Kuala Lumpur   Lisbon   London   Madrid   Mexico City
Milan   Montreal   New Delhi   Santiago   Seoul   Singapore   Sydney   Taipei   Toronto

The McGraw·Hill Companies

Higher Education

This is an ⌐Bɪ book.

1 2 3 4 5 6 7 8 9 0 QPD/QPD 9 8 7 6 5

ISBN 0-07-296424-3

Editor-in-chief: *Emily G. Barrosse*
Publisher: *William R. Glass*
Director of Development: *Scott Tinetti*
Development Editor: *Max Ehrsam and Pennie Nichols*
Project Manager: *Stacy Shearer*
Production Supervisor: *Louis Swaim*

Composition: 10/12 Palatino by Techbooks/GTS, York, PA
Printing: 50# Windsor Offset, Quebecor Dubuque

Manual que acompaña *¿Qué te parece?* 3e Segunda parte Credits

Grateful acknowledgment is made for the use of the following:

Readings: Page 37 *La Raza* Newspaper—Chicago
Realia: Page 109, © 1995 Citibank (South Dakota), N.A., 109 ® Chef Merito, Incorporated all rights reserved 1998 ©; 110 Reprinted with permission of General Mills, Inc.

www.mhhe.com

Contents

Note to Students

This is the second volume (*Segunda parte*) of the *Manual que acompaña ¿Qué te parece?*, Third Edition. It contains listening and writing exercises to practice the vocabulary and grammar presented in the last three units of the main text. As you work through the materials in the *Manual*, keep the following points in mind.

UNIT ORGANIZATION

- As in the main text, **Ideas para explorar** is the main unit of organization in the *Manual*.
- The words presented in **Vocabulario** sections are defined in the *Manual*, followed by a listening section (**Para escuchar**), then a writing section (**Para escribir**). The final vocabulary practice section is **Para entregar en una hoja aparte** (*For handing in on a separate sheet of paper*).
- The grammar points presented in the main text are briefly summarized in the *Manual*, followed by **Para escuchar** and **Para escribir** exercises and, finally, **Para entregar en una hoja aparte.**
- A listening strategy section (**Estrategia para escuchar**) may appear on occasion in order to help you get the most out of listening practice. The exercises that follow practice the strategy in question.
- Another strategy section, **Estrategia para la comunicación,** offers additional tips on communicating effectively in Spanish.
- Other features that appear include **Así se dice,** which includes additional words and phrases not presented in the lesson, and **¡Ojo!** boxes, which point out exceptions to grammar rules or other pitfalls that second language learners may encounter.
- Toward the end of each unit, **Resumen y repaso** summarizes and reviews the vocabulary items presented in each of the two lessons of the unit (**Resumen léxico**) as well as the grammar presented in these lessons (**Resumen gramatical**). These review sections may come in handy when studying for an exam.
- Finally, each unit ends with an **Examen de práctica,** which assesses your knowledge of the material presented in each unit. Answers are on the audio program and in the Answer Key in this *Manual*.
- The Answer Key contains many of the answers found in the **Para escribir** exercises of each **Ideas para explorar** section. Answers for many audio-based items are found directly on the audio program.

About the Authors

James F. Lee is a member of the faculty of the Department of Spanish and Latin American studies at the University of New South Wales (Sydney, Australia). His research interests lie in the areas of second language reading comprehension, input processing, and exploring the relationship between the two. His research papers have appeared in a number of scholarly journals and publications. His previous publications include *Making Communicative Language Teaching Happen*, Second Edition (2003, McGraw-Hill) and several co-edited volumes, including *Multiple Perspectives on Form and Meaning*, the 1999 volume of the American Association of University Supervisors and Coordinators. Dr. Lee is also the author of *Tasks and Communicating in Language Classrooms* (2000, McGraw-Hill). He has also co-authored several textbooks, including *¿Sabías que... ? Beginning Spanish* (2004, McGraw-Hill), *Vistazos* (2006, McGraw-Hill) and *Ideas: Lecturas, estrategias, actividades y composiciones* (1994, McGraw-Hill). He and Bill VanPatten are series editors for The McGraw-Hill Second Language Professional Series.

Dolly Jesusita Young is currently a Full Professor of Spanish and Associate Head of the Department of Modern Foreign Languages and Literatures at the University of Tennessee, where she is also Director of the first- and second-year Spanish programs. She received her Ph.D. in Foreign Language Education from the University of Texas at Austin in 1985. She has published widely in the areas of language anxiety and foreign language reading. She co-edited the first language anxiety volume *Language Anxiety: From Theory and Research to Classroom Implications*, with Dr. Elaine K. Horwitz, and she published another edited volume in The McGraw-Hill Second Language Professional Series entitled *Affect in Foreign Language and Second Language Learning: A Practical Guide to Creating a Low-Anxiety Classroom Atmosphere* (1999). In addition she co-wrote a Spanish reader, *Esquemas*, with the late Darlene F. Wolf, and then co-wrote *Schema* and *Schemata*, French and German versions of the same reader. Her current research, an outcome of a PEW grant, examines the relationship between technology-enhanced learning and learning outcomes.

Sean P. McGuire is the Assistant Director of the Global Village Learning-Living Center at Indiana University in Bloomington, a residential-learning community for students preparing for study abroad, studying foreign languages and cultures, or planning careers overseas. Prior to joining the Global Village, he taught at Stanford University and served as coordinator of the first- and second-year Spanish language program at Indiana University. He earned his Masters in Hispanic Literature from the University of Arizona in 1996.

Donna Deans Binkowski teaches Hispanic Linguistics and Classroom Research Methods and supervises student teachers in the Department of Spanish and Portuguese at the University of Massachusetts at Amherst. She received her PhD in Spanish Applied Linguistics at the University of Illinois at Urbana-Champaign in 1992. Her research interests include input processing, second language reading, and technology in language teaching.

UNIDAD 4

Los medios de comunicación y la globalización

. . . .

LECCIÓN 7 Los medios de comunicación

Ideas para explorar *Los recursos disponibles*

. . . .

Vocabulario

Vocabulario del tema	Definición	Contexto	Otras formas de la palabra
VERBOS enterarse	darse cuenta; adquirir conocimiento de algo que ocurre	Yo tenía 7 años cuando me enteré de que no existía Santa Claus.	enterado/a
entretenerse	distraer a alguien; divertir; ocupar la atención de alguien	Muchas películas nos entretienen y también nos inspiran.	entretenimiento entretenido/a
mandar	enviar; remitir; ordenar; hacer lo necesario para que una cosa llegue a otro lugar	En los Estados Unidos hay que mandar los impuestos al gobierno antes del 15 de abril.	mando mandado/a
meter	introducir, poner una cosa dentro de otra o en el interior de algún sitio	Se mete el DVD en la computadora para ver una película o escuchar música.	metido/a
navegar	conducir; moverse de un lado a otro	Frecuentemente, los niños aprenden a navegar la red antes que muchos adultos.	navegación (*f.*) navegado/a

Vocabulario del tema	Definición	Contexto	Otras formas de la palabra
recibir	ser objeto indirecto de la acción de dar	¿Cuántos mensajes electrónicos recibes tú diariamente?	recibo recibido/a
sonar	producir un sonido; resonar	¿Cómo suena tu computadora para anunciar que has recibido un mensaje electrónico nuevo?	sonido sonado/a sonador(a) (*adj.*)
transmitir	hacer llegar a alguien noticias o mensajes; comunicar; radiar; traspasar; emitir	Se puede transmitir documentos por fax o por correo.	transmisión (*f.*) transmitido/a
SUSTANTIVOS			
la agenda electrónica	cuaderno electrónico con calendario, una calculadora y un archivo para números de teléfono en que se puede anotar fechas, citas, apuntes o cualquier cosa que hay que hacer	La agenda electrónica es una versión moderna del calendario. Muchos profesionales ya tienen una.	electricidad (*f.*) eléctrico/a
el cajero automático	aparato electrónico que funciona como banco móvil en que se puede retirar instantáneamente dinero en efectivo de las cuentas bancarias personales	El cajero automático recibe la tarjeta ATM y devuelve el dinero en efectivo que la persona pide.	automatizar caja
el celular (el móvil)	teléfono pequeño sin cables y móvil que se puede llevar consigo a cualquier lugar	La nueva tendencia es usar solamente un celular y no tener otro teléfono en casa.	célula
la computadora (el ordenador)	máquina con una pantalla y teclas que funciona como máquina de escribir y que se conecta a la red de comunicación	Las computadoras han remplazado por completo a las antiguas máquinas de escribir.	computar computación (*f.*) computado/a
el contestador automático	máquina que graba recados telefónicos cuando la persona que recibe la llamada no está en casa	Los contestadores automáticos son útiles cuando la persona no quiere perder el tiempo hablando por teléfono.	contestar contestación (*f.*) contestado/a

Vocabulario del tema	Definición	Contexto	Otras formas de la palabra
el correo electrónico	servicio de envío de mensajes a través de la computadora	Recibimos y enviamos mensajes a través del correo electrónico más rápidamente que por el correo tradicional.	
el fax (el facsímil)	aparato que transmite y reproduce documentos telefónicamente	Cuando se manda una carta por fax tarda sólo unos minutos en llegar a su destino.	facsimilar
(el) Internet (la red)	conjunto de elementos de conducción o comunicación que actuán en diversos sitios	La utilidad de Internet es indudable para la investigación de cualquier tema.	enredar enredamiento
el mensaje	el contenido de una comunicación enviada a otra persona	A todos nos gusta recibir mensajes de nuestros amigos y parientes.	mensajero/a (*m., f.*) mensajería
las noticias	información sobre un suceso reciente	Las noticias se dan por la mañana, por la tarde y por la noche en la televisión, e instantáneamente en Internet.	noticiero noticiario noticiero/a
la pantalla	superficie sobre la que se proyectan imágenes televisivas o de un aparato electrónico	En la pantalla vemos las imágenes de la televisión o de la computadora. Prefiero una pantalla lisa.	apantallar
la red de comunicación	conjunto de cables de conducción (o líneas telefónicas) que se entrecruzan y que sirven para organizar servicios de comunicación	Internet es parte de la red de comunicación global.	comunicarse comunicado/a
la señal	cualquier cosa que indica algo o la existencia de algo	Muchos contestadores automáticos tienen alguna señal para indicar que contienen mensajes nuevos.	señalar señalamiento señalado/a señalador(a) (*adj.*)

Vocabulario del tema	Definición	Contexto	Otras formas de la palabra
el teléfono inalámbrico	teléfono casero (de la casa) sin cables	Dada su versatilidad el teléfono inalámbrico es el modelo más popular para el hogar.	telefonear alambre (*m.*) telefónico/a
ADJETIVOS			
eficaz	que produce el efecto propio o esperado; eficiente	Hoy en día pensamos que la manera más eficaz de realizar algo es la manera más rápida de hacerlo.	eficacia eficazmente (*adv.*)
portátil	que se puede llevar de un sitio a otro con facilidad	Para que algo sea portátil es necesario que sea ligero y pequeño, como el celular o el DVD portátil.	portar portado/a (*adj.*)

PARA ESCUCHAR

Práctica 1   Palabras clave

Escucha las palabras del vocabulario y sus definiciones para familiarizarte con la pronunciación del vocabulario. Para cada palabra, escoge dos palabras o frases clave que te ayuden a recordar su significado. Vas a oír las definiciones dos veces.

MODELO: (ves)   navegar
(oyes)   Conducir, moverse de un lado a otro.
(escribes)   **a.** conducir   **b.** moverse

1. la agenda electrónica   **a.** _____   **b.** _____

2. el cajero automático   **a.** _____   **b.** _____

3. la computadora (el ordenador)   **a.** _____   **b.** _____

4. el correo electrónico   **a.** _____   **b.** _____

5. el celular (el móvil)   **a.** _____   **b.** _____

6. el fax (el facsímil)   **a.** _____   **b.** _____

7. Internet (la red)   **a.** _____   **b.** _____

8. el mensaje   **a.** _____   **b.** _____

9. las noticias   **a.** _____   **b.** _____

10. la pantalla   **a.** _____   **b.** _____

11. la red de comunicación   **a.** _____   **b.** _____

12. la señal   **a.** _____   **b.** _____

13. el teléfono inalámbrico   **a.** _____   **b.** _____

14. entretenerse   a. _____   b. _____

15. enterarse   a. _____   b. _____

16. mandar   a. _____   b. _____

17. meter   a. _____   b. _____

18. recibir   a. _____   b. _____

19. sonar   a. _____   b. _____

20. transmitir   a. _____   b. _____

21. eficaz   a. _____   b. _____

22. portátil   a. _____   b. _____

Práctica 2   Asociaciones

Vas a escuchar unas palabras. Escoge de la siguiente lista la palabra que se asocie mejor con las palabras que escuches.

1.	a. recibir	b. la computadora
2.	a. la pantalla	b. el cajero automático
3.	a. la agenda electrónica	b. la red de comunicación
4.	a. la señal	b. el fax
5.	a. la pantalla	b. el celular
6.	a. el correo electrónico	b. las noticias
7.	a. las noticias	b. el cajero automático
8.	a. la agenda electrónica	b. el mensaje
9.	a. el Internet	b. meter
10.	a. la señal	b. la pantalla
11.	a. el mensaje	b. la red de comunicación
12.	a. la pantalla	b. el celular
13.	a. navegar	b. entretenerse
14.	a. emitir	b. recibir
15.	a. la computadora	b. el teléfono inalámbrico
16.	a. transmitir	b. meter
17.	a. mandar	b. meter
18.	a. sonar	b. enterarse
19.	a. sonar	b. mandar
20.	a. recibir	b. enterarse
21.	a. enterarse	b. navegar
22.	a. las noticias	b. portátil
23.	a. eficaz	b. portátil
24.	a. entretenerse	b. transmitir

Práctica 3   Definiciones

Vas a escuchar una serie de definiciones. Escoge la palabra que corresponda a cada definición.

1.	a. el mensaje	b. el celular	c. el mensaje
2.	a. el correo electrónico	b. la pantalla	c. navegar
3.	a. la red de comunicación	b. la señal	c. la computadora
4.	a. la computadora	b. el fax	c. el cajero automático
5.	a. el celular	b. la agenda electrónica	c. la pantalla
6.	a. la agenda electrónica	b. el fax	c. la pantalla
7.	a. las noticias	b. meter	c. portátil
8.	a. la señal	b. el mensaje	c. las noticias

9.	**a.** eficaz	**b.** emitir	**c.** el Internet
10.	**a.** el fax	**b.** la pantalla	**c.** el cajero automático
11.	**a.** sonar	**b.** entretenerse	**c.** transmitir
12.	**a.** navegar	**b.** mandar	**c.** emitir
13.	**a.** el teléfono inalámbrico	**b.** la pantalla	**c.** el fax
14.	**a.** mandar	**b.** el mensaje	**c.** la señal
15.	**a.** la red de comunicación	**b.** navegar	**c.** la computadora
16.	**a.** transmitir	**b.** meter	**c.** recibir
17.	**a.** enterarse	**b.** navegar	**c.** sonar
18.	**a.** transmitir	**b.** entretenerse	**c.** meter
19.	**a.** mandar	**b.** recibir	**c.** navegar
20.	**a.** enterarse	**b.** meter	**c.** recibir
21.	**a.** portátil	**b.** el cajero automático	**c.** el fax
22.	**a.** meter	**b.** portátil	**c.** eficaz
23.	**a.** entretenerse	**b.** el Internet	**c.** transmitir
24.	**a.** sonar	**b.** emitir	**c.** mandar

*PARA ESCRIBIR

Práctica 1   Situaciones

Empareja cada una de las situaciones con la conclusión más lógica.

1. _____ Cuando Irene recibió el mensaje, primero se puso triste y dos segundos después se puso furiosa.

2. _____ César no puede trabajar desde su casa porque no tiene teléfono tradicional, sólo un celular.

3. _____ Sabina decidió comprar una computadora nueva porque usa el Internet mucho.

4. _____ Cuando Rubén metió su tarjeta, la luz del edificio se apagó y no pudo recobrar su tarjeta.

5. _____ A Paloma le gustan sus aparatos electrónicos pero a veces no le gusta llevar tantas cosas.

6. _____ Meche siempre sabe cuando ha recibido un mensaje electrónico.

a. No le pueden transmitir ningún fax.

b. La que tenía antes no era muy eficaz para navegar la red.

c. Aparece una señal en la pantalla y la computadora suena.

d. Se enteró de que Jorge quiere romper con ella.

e. Llamó el banco y esperó al lado de la cajera automática.

f. Quiere comprarse un celular que también es una agenda electrónica.

Práctica 2   Contextos

Escoge la palabra que complete mejor el sentido de cada una de las oraciones.

1. Debido al uso... uno puede comunicarse instantáneamente con alguien que está lejos.
   a. de las noticias
   b. del correo electrónico

2. El invento de... hace unos treinta años cambió la manera en que nos comunicamos y la manera en que hacemos nuestro trabajo.
   a. la computadora personal
   b. la señal

3. Para complacer a sus clientes y acomodarse a sus horarios diversos, el banco provee la ventaja de...
   a. un fax.
   b. un cajero automático.

4. Para no olvidar sus citas, mucha gente usa...
   a. un celular.
   b. una agenda electrónica.

*Answers can be found in the Answer Key.

5. Como la gente vive tan de prisa, muchas veces la mejor manera de comunicarse con alguien es mandarle un...
   a. mensaje.
   b. portátil.

6. En... es posible hacer reservas para un viaje, investigar lo referente a cualquier tema y leer las noticias.
   a. el cajero automático
   b. el Internet

7. ...es la mejor manera de mandar un documento y saber que va a llegar sin cambios involuntarios.
   a. El teléfono inalámbrico
   b. El fax

8. En algunos estados se prohíbe usar... mientras uno conduce un vehículo para evitar accidentes.
   a. un celular
   b. una pantalla

9. Hoy día se puede escoger entre muchos tipos diferentes de... para los celulares. Algunos tocan música mientras otros producen sonidos diversos.
   a. correos electrónicos
   b. señales

10. Uno de los sitios más populares en... es *Google* porque allí se puede buscar información sobre cualquier tema.
    a. la red de comunicación
    b. la agenda electrónica

11. Ahora, ...de los ordenadores portátiles son tan grandes como las de los ordenadores de escritorio.
    a. las señales
    b. las pantallas

12. Mucha gente prefiere enterarse... en la red en vez de mirar la televisión porque requiere menos tiempo.
    a. del celular
    b. de las noticias

13. Los padres del niño... de que él había visitado sitios para adultos en el Internet porque ellos habían instalado un programa para detallar la actividad en la computadora.
    a. transmitieron
    b. se enteraron

14. Hoy día, los niños... navegando la red por muchas horas.
    a. se enteran
    b. se entretienen

15. Cada vez que recibo un mensaje electrónico la computadora... una señal para avisarme.
    a. emite
    b. mete

16. Muchas veces... tienen peor recepción que los estacionarios. A veces se pierden la señal y no se puede oír a la persona con quien se habla.
    a. los teléfonos inalámbricos
    b. las computadoras

17. ...más correo electrónico con anuncios publicitarios que mensajes de mis compañeros.
    a. Meto
    b. Recibo

18. Es difícil... la red después de las cinco de la tarde porque entonces hay muchas personas conectadas.
    a. navegar
    b. emitir

19. Para que el correo electrónico no se amontone en mi buzón, ...todos los mensajes que he leído en un archivo.
    a. sueno
    b. meto

20. Mi hermana me... un correo electrónico por semana con las nuevas fotos de mi nueva sobrina para que yo pueda ver cómo cambia la niña de una semana a otra.
    a. manda
    b. recibe

21. Es increíble que las nuevas computadoras... pesen menos de seis libras.
    a. eficaces
    b. portátiles

22. Mucha gente se queja de que el gobierno federal no es... porque tiene una burocracia tan grande.

    a. portátil   **b.** eficaz

23. Los nuevos celulares tienen la capacidad de... mensajes textuales.

    a. transmitir   **b.** navegar

24. Si el teléfono... entre las cinco de la tarde y las ocho de la noche es probable que sea una compañía de *telemarketing*.

    a. manda   **b.** suena

PARA ENTREGAR EN UNA HOJA APARTE

Actividad 1   Con tus propias palabras

Escribe oraciones con cada una de las siguientes palabras o frases. En las oraciones, expresa algo relacionado con tu experiencia.

MODELO: la agenda electrónica → Uso el calendario de mi agenda electrónica para acordarme de fechas importantes.

1. el mensaje
2. el teléfono inalámbrico
3. recibir
4. entretenerse
5. el celular
6. el cajero automático
7. la computadora
8. las noticias

Actividad 2   ¿Estás de acuerdo?

Indica si estás de acuerdo o no con las ideas expresadas en cada oración. Luego, explica tus razones.

1. El Internet es el avance tecnológico más importante de este siglo (*century*).
2. Más que cualquier otro medio de comunicación, el correo electrónico me ayuda en mi vida diaria.
3. Mis padres creen que es importante que yo tenga un celular.
4. Todos los estudiantes deben usar una agenda electrónica para organizarse.
5. Creo que soy adicto/a a la computadora.

Gramática

Object Pronouns (Part 1)

I. Direct Object Pronouns

Forms

DIRECT OBJECT PRONOUNS	
me	nos
te	os
lo/la	los/las

Functions

Direct objects answer the questions *what* or *whom* in relation to the subject and verb. Pronouns replace nouns when the noun is understood.

La televisión **nos** informa.

La televisión estimula la creatividad en los niños y **los** entretiene.

⌒ PARA ESCUCHAR

Práctica 1 ¿A quién?

Empareja cada una de las oraciones que escuches con el dibujo correspondiente.

Estrategia para escuchar

Spanish and English word order differs in a number of ways. English places object pronouns after the conjugated verb, but Spanish tends to place them in front of it. English subjects precede the verb, but Spanish word order is more flexible and, since the verb ending makes clear who or what the subject is, a sentence often has no stated subject. Due to these word order differences, many language learners try to interpret object pronouns in Spanish as the subject of the sentence. You will practice correctly interpreting sentences containing object pronouns. For example, **Lo ve María** means that María sees *him* and not that *he* sees María.

MODELO: (oyes) Lo saludan los parientes.
(indicas) **a.**

b.

1. **a.**

b.

2. **a.**

b.

3. a.

b.

4. a.

b.

5. a.

b.

6. a.

b.

Práctica 2 Los recursos disponibles

Escoge el sustantivo (*noun*) que corresponda al pronombre de complemento directo en cada uno de los casos.

1. lo: **a.** Juan   **b.** el periódico   **c.** cada mañana
2. la: **a.** la televisión **b.** la cena   **c.** la tarde
3. lo: **a.** el martes   **b.** México   **c.** un partido
4. los: **a.** la casa   **b.** nosotros   **c.** mis abuelos
5. la: **a.** mi opinión   **b.** la comida   **c.** yo
6. lo: **a.** el tenis   **b.** Luisa   **c.** muchos años
7. las: **a.** el bolsillo   **b.** las llaves   **c.** los pantalones
8. la: **a.** la bicicleta   **b.** el regalo   **c.** la niña
9. los: **a.** Rogelio   **b.** todos los días   **c.** los padres
10. la: **a.** tu amigo   **b.** la fiesta   **c.** yo

Práctica 3 ¿A qué se refiere?

Escucha cada una de las oraciones. Primero, escribe el pronombre de complemento directo que escuches: **lo, la, los** o **las.** Luego identifica el sustantivo a que se refiere. Vas a escuchar las oraciones dos veces.

1. _____   **a.** la cafeína   **b.** el café   **c.** José
2. _____   **a.** la novia   **b.** semanas   **c.** Francisco
3. _____   **a.** el informe   **b.** el profesor   **c.** la clase
4. _____   **a.** mi madre   **b.** el café   **c.** Pablo Picasso
5. _____   **a.** mi hermana   **b.** la chaqueta   **c.** la tienda
6. _____   **a.** el pueblo   **b.** Pablo Picasso **c.** el cuadro
7. _____   **a.** los libros   **b.** mi padre   **c.** un viaje
8. _____   **a.** una persona   **b.** los dulces   **c.** esta tarde
9. _____   **a.** mis amigas   **b.** la secundaria **c.** el fin de semana
10. _____ **a.** la cartera   **b.** treinta dólares **c.** las camisas

*PARA ESCRIBIR

Práctica 1 Identificar

Primero, haz un círculo en el pronombre directo de la segunda oración o cláusula. Luego dibuja una flecha (*arrow*) del círculo al objeto directo correspondiente de la primera oración o cláusula.

MODELO: Ya compré los boletos para el vuelo. Los voy a poner en la mesa.

1. Raúl llevó los muebles a la casa de Francisco y luego los llevó a su oficina.
2. Marqué en el calendario todos los cumpleaños de mi familia. Luego, lo puse en mi escritorio.
3. El museo de arte adquirió muchas nuevas pinturas. Van a ponerlas en el salón grande.
4. Ese chiste es muy viejo. Ya lo contaste mil veces.
5. Un hombre robó la tienda de licores y ahora la policía lo busca.
6. Mucha gente pide vino con la comida, pero Gloria no lo pide nunca.
7. Son las ocho y Esteban y Julia deben estar aquí. ¿Los llamaste por teléfono?
8. ¿Conoces a las hijas de don Manuel? Las veo todos los días en el mercado.
9. ¡Pobre Enríque! Ganó mucho dinero en la lotería, pero lo perdió todo en un juego de cartas.
10. —¿Escribiste la tarea para la clase de historia? —No, tengo que escribirla esta noche.

Práctica 2 ¿Qué haces?

Lee cada una de las oraciones y escoge la conclusión correcta.

> MODELO: El profesor habla en la clase. →
> (a.) Lo escucho atentamente. **b.** La escucho atentamente.

1. Una amiga te deja un mensaje telefónico.
   a. Lo llamo luego. **b.** La llamo luego.

2. No sabes dónde están las llaves de la casa.
   a. Los busco por toda la casa. **b.** Las busco por toda la casa.

3. Te dan una multa de estacionamiento.
   a. La pago inmediatamente. **b.** Lo pago inmediatamente.

4. El despertador no funciona.
   a. La tiro contra la pared. **b.** Lo tiro contra la pared.

5. Recibes dinero de un pariente.
   a. La gasto en el centro comercial. **b.** Lo gasto en el centro comercial.

6. Se le desinfla un neumático (*tire*) a tu coche.
   a. Lo cambio por otro. **b.** La cambio por otro.

7. Tienes un libro de texto que ya no usas.
   a. Lo vendo en la librería. **b.** La vendo en la librería.

8. Encuentras comida podrida (*rotten*) en el refrigerador.
   a. Lo tiro en la basura. **b.** La tiro en la basura.

9. Compras un aparato eléctrico que no funciona.
   a. Lo devuelvo a la tienda. **b.** La devuelvo a la tienda.

10. Cocinas la lasaña y sólo comes un poco.
    a. Lo guardo en la heladera. **b.** La guardo en la heladera.

PARA ENTREGAR EN UNA HOJA APARTE

Actividad 1 Los medios de comunicación

Contesta las siguientes preguntas con respuestas verdaderas para ti. Usa los pronombres de complemento directo para evitar la repetición.

> MODELO: ¿Prefieres comprar los libros nuevos o de segunda mano? →
> *Los* prefiero comprar de segunda mano porque cuestan menos. (Prefiero comprar*los* de segunda mano porque cuestan menos.)

1. ¿Usas las computadoras con frecuencia?
2. ¿Lees las noticias en el periódico o miras las noticias en la televisión?
3. ¿Alquilas las películas en vídeo?
4. ¿Compras las revistas sobre la moda?
5. ¿Miras los programas de deportes en la televisión?
6. ¿Escribes la tarea a máquina o a mano?
7. ¿Escuchas la radio con frecuencia?
8. ¿Ves los vídeos musicales en MTV?
9. ¿Lees los libros de ciencia ficción?

Actividad 2   Los anuncios publicitarios

Paso 1   Busca el pronombre **la** en los siguientes dos anuncios comerciales. ¿A qué se refiere este pronombre?

1. En el anuncio para Bonafont, **la** se refiere a...
   a. la salud.   **b.** el agua.   **c.** la botella.

2. En el anuncio para Citibank, **la** se refiere a...
   a. el crédito.   **b.** Citibank.   **c.** la tarjeta.

Los que saben la prefieren.

BONAFONT...

Agua pura natural para beber.

¡ E s   S a l u d !

«¡Yo la conseguí!»

AHORA PUEDE OBTENER SU TARJETA CITIBANK VISA SI TIENE UN HISTORIAL DE CRÉDITO O NO.

Paso 2   Ahora lee los anuncios que aparecen a continuación. Escribe un anuncio publicitario para dos de los siguientes productos o servicios. Usa un pronombre de complemento directo como en los anuncios del **Paso 1**.

- MicheLager   • Mega Pizza   • Mecánica Popular   • Flores de Gazebo

¡QUÉ FÁCIL ES ORDENAR SUS REGALOS POR TELÉFONO!
Las flores de **Gazebo**

MICHELADA
Ahora es...
MicheLager®
La Bebida más Refrescante

LA REVISTA PARA EL COMPRADOR SELECTIVO
Lea cada mes
Mecánica Popular

La MEGA PIZZA
La pizza
MÁS GRANDE de México

Ideas para explorar *La sociedad y los medios de comunicación*

Vocabulario

Vocabulario del tema	Definición	Contexto	Otras formas de la palabra
VERBOS			
adelgazar	hacerse o ponerse más delgado; bajar de peso	Para adelgazar, es necesario comer menos y hacer más ejercicio.	delgadez (*f.*) delgado/a
animar	darle a alguien energía moral; impulsar	Ver las Olimpiadas en la tele me anima a hacer ejercicio.	ánimo animado/a
apagar	hacer que un aparato deje de funcionar desconectándolo de su fuente de energía	Apagar las luces ahorra dinero y también energía.	apagón (*m.*) apagado/a
dañar	herir; causar malos efectos	Se dice que ver la televisión a corta distancia daña la vista.	daño dañado/a dañino/a
distraer	desviar la atención; divertir	Invento cosas que hacer para distraerme del trabajo que tengo que hacer.	distracción (*f.*) distraído/a distraídamente (*adv.*)
educar	instruir; enseñar	Los padres deben educar a sus hijos y ser modelo de comportamiento.	educación (*f.*) educado/a
encender	hacer que un aparato funcione conectándolo a su fuente de energía	Con el mismo mando de distancia puedo encender la televisión, el estéreo, y la videocasetera.	encendedor (*m.*) encendido/a
estimular	activar; incitar a hacer algo	La cafeína estimula el sistema neurológico.	estímulo estimulado/a

Vocabulario del tema	Definición	Contexto	Otras formas de la palabra
impedir	dificultar; poner obstáculos	El uso de contraseñas ayuda a impedir los delitos que se cometen a través de la tecnología.	impedimento impedido/a
influir (en)	producir una cosa cambios sobre otra; afectar	¿Hasta qué edad deben los padres influir en las decisiones que toman sus hijos?	influencia influido/a influyente
inspirar	inculcar; hacer nacer en la mente ideas, afectos, etcétera	¿Te inspiran los profesores a aprender la materia?	inspiración (f.) inspirado/a
relajar	hacer que alguien deje de estar tenso física y psíquicamente	La meditación relaja el cuerpo y la mente.	relajación (f.) relajado/a
SUSTANTIVOS			
los anuncios publicitarios	avisos en que se promueven servicios o productos comerciales	Hay quien considera que los anuncios publicitarios de ropa interior son una forma de pornografía.	anunciar publicista (m., f.) público anunciado/a
el avance tecnológico	progreso o evolución de la tecnología	Los avances tecnológicos han cambiado la vida, pero ¿la han hecho más fácil?	avanzar avanzado/a
la avaricia	deseo de adquirir cosas sólo por el placer de poseerlas	La avaricia es la madre de todos los vicios.	avaro/a
los concursos televisivos	programas de televisión en que los participantes compiten para ganar dinero, viajes o productos	El concurso televisivo «Jeopardy» requiere cierta inteligencia por la parte de los concursantes.	concursar concursante (m., f.) televisión (f.)
los dibujos animados	programas en que los personajes son dibujos de personas o animales	En los Estados Unidos hay un canal dedicado exclusivamente a los dibujos animados.	animar dibujar dibujado/a

Vocabulario del tema	Definición	Contexto	Otras formas de la palabra
el mando a distancia	aparato automático con que se dirige, a distancia, la conexión, la interrupción, el volumen y otras funciones de los aparatos	Gracias al mando a distancia, la actividad más popular es navegar canales en la televisión.	distanciar mandar distante (*adj.*)
los programas de entrevistas	programas en que un anfitrión (una anfitriona) habla con una persona invitada y le hace preguntas seguidas de comentarios	Un programa de entrevistas como «60 minutos» nos informa, mientras que uno como «Ellen Degeneres Show» nos entretiene.	entrevistar programar entrevistador(a) entrevistado/a programado/a
las telenovelas	programas cuyas tramas incluyen una gran cantidad de melodrama	En algunos países hispanos, las telenovelas suelen durar entre 10 y 15 semanas, mientras que en los Estados Unidos duran más de 15 años.	novelar novelizar novela televisión (*f.*) novelesco/a
el vicio	afición o deseo vehemente de una cosa que incita a usarla con exceso; mal hábito	El vicio del cigarro es uno de los vicios más letales en la actualidad.	viciar vicioso/a
la videocasetera	aparato que reproduce vídeos	Poco a poco, las videocaseteras van a ser suplantadas por el DVD.	casete (*m.*) videocámara videocasete (*m.*)
el videojuego	juego principalmente para niños que se practica a través de la televisión o la computadora	¿Cuál es el videojuego más popular entre los estudiantes universitarios?	jugar jugador(a) jugado/a
la vista	sentido corporal con que se ven los colores y formas de las cosas; visión	Trabajar muchas horas frente a la computadora daña la vista.	ver vidente (*m., f.*) visión (*f.*)

◠ PARA ESCUCHAR

Práctica 1   Palabras clave
Escucha las palabras del vocabulario y sus definiciones para familiarizarte con la pronunciación del vocabulario. Para cada palabra, escoge dos palabras o frases clave que te ayuden a recordar su significado. Vas a oír las definiciones dos veces.

> MODELO: (ves)   adelgazar
> (oyes)   Ponerse delgado; perder peso.
> (escribes) **a.** ponerse delgado   **b.** perder peso

1. animar   **a.** _____   **b.** _____
2. apagar   **a.** _____   **b.** _____
3. dañar   **a.** _____   **b.** _____
4. distraer   **a.** _____   **b.** _____
5. educar   **a.** _____   **b.** _____
6. encender   **a.** _____   **b.** _____
7. estimular   **a.** _____   **b.** _____
8. influir en   **a.** _____   **b.** _____
9. inspirar   **a.** _____   **b.** _____
10. impedir   **a.** _____   **b.** _____
11. relajar   **a.** _____   **b.** _____
12. el avance tecnológico   **a.** _____   **b.** _____
13. la avaricia   **a.** _____   **b.** _____
14. los anuncios publicitarios   **a.** _____   **b.** _____
15. los concursos televisivos   **a.** _____   **b.** _____
16. los dibujos animados   **a.** _____   **b.** _____
17. el mando a distancia   **a.** _____   **b.** _____
18. los programas de entrevistas   **a.** _____   **b.** _____
19. las telenovelas   **a.** _____   **b.** _____
20. la videocasetera   **a.** _____   **b.** _____
21. el videojuego   **a.** _____   **b.** _____
22. el vicio   **a.** _____   **b.** _____
23. la vista   **a.** _____   **b.** _____

Práctica 2   Asociaciones
Vas a escuchar unas palabras. Escoge de la siguiente lista la palabra que se asocie mejor con las palabras que escuches.

1. **a.** los dibujos animados   **b.** las telenovelas
2. **a.** los programas de entrevistas   **b.** los concursos
3. **a.** los dibujos animados   **b.** los programas de entrevistas

4.	a.	la videocasetera	b.	los concursos televisivos
5.	a.	los anuncios publicitarios	b.	las telenovelas
6.	a.	dañar	b.	educar
7.	a.	el avance tecnológico	b.	la vista
8.	a.	el vicio	b.	el videojuego
9.	a.	la avaricia	b.	el mando a distancia
10.	a.	estimular	b.	relajar
11.	a.	encender	b.	educar
12.	a.	distraer	b.	inspirar
13.	a.	animar	b.	apagar
14.	a.	impedir	b.	encender
15.	a.	apagar	b.	encender
16.	a.	estimular	b.	apagar
17.	a.	adelgazar	b.	encender
18.	a.	dañar	b.	influir en
19.	a.	inspirar	b.	adelgazar
20.	a.	los videojuegos	b.	los concursos
21.	a.	la videocasetera	b.	el mando a distancia
22.	a.	la vista	b.	la avaricia
23.	a.	el vicio	b.	el avance tecnológico
24.	a.	relajar	b.	inspirar

Práctica 3 Definiciones

Vas a escuchar una serie de definiciones. Escoge la palabra que corresponda a cada definición.

1.	a.	impedir	b.	distraer	c.	adelgazar
2.	a.	educar	b.	dañar	c.	animar
3.	a.	distraer	b.	encender	c.	inspirar
4.	a.	animar	b.	educar	c.	impedir
5.	a.	apagar	b.	estimular	c.	distraer
6.	a.	inspirar	b.	adelgazar	c.	relajar
7.	a.	influir en	b.	impedir	c.	el vicio
8.	a.	distraer	b.	adelgazar	c.	influir en
9.	a.	educar	b.	animar	c.	apagar
10.	a.	encender	b.	apagar	c.	inspirar
11.	a.	estimular	b.	relajar	c.	dañar
12.	a.	los concursos	b.	el mando a distancia	c.	el avance tecnológico
13.	a.	la avaricia	b.	el vicio	c.	distraer
14.	a.	los videojuegos	b.	el mando a distancia	c.	la videocasetera
15.	a.	los concursos	b.	los videojuegos	c.	el avance tecnológico
16.	a.	relajar	b.	el mando a distancia	c.	el vicio
17.	a.	impedir	b.	la vista	c.	el vicio
18.	a.	la vista	b.	el vicio	c.	dañar
19.	a.	dañar	b.	estimular	c.	apagar
20.	a.	la videocasetera	b.	la avaricia	c.	los anuncios publicitarios
21.	a.	los programas de entrevistas	b.	los dibujos animados	c.	los concursos televisivos
22.	a.	los dibujos animados	b.	los programas de entrevistas	c.	el mando a distancia
23.	a.	los anuncios publicitarios	b.	los programas de entrevistas	c.	las telenovelas
24.	a.	los concursos	b.	las telenovelas	c.	los videojuegos

*PARA ESCRIBIR

Práctica 1   Situaciones

Empareja cada una de las situaciones con la conclusión más lógica.

1. ____ Carolina prefiere programas serios; no le gustan los concursos televisivos ni las telenovelas.

2. ____ Marcos tiene problemas del corazón y está un poco gordo.

3. ____ Los hijos de Sandra son muy sedentarios. No juegan deportes y casi nunca salen de casa por la tarde.

4. ____ Los padres de Javier prefieren que él sólo vea programas «inteligentes» como los de *PBS*.

5. ____ Ramona nunca apaga su computadora.

a. Prefieren entretenerse con videojuegos y dibujos animados.

b. Le parecen interesantes los programas de entrevistas y las noticias.

c. Por eso casi nunca ve programas con anuncios publicitarios.

d. Su padre le dice que la va a dañar si siempre la tiene encendida.

e. El médico quiere que adelgace unos quince kilos.

Práctica 2   Contextos

Escoge la palabra que complete mejor el sentido de cada una de las oraciones.

1. Las tramas de... siempre tratan del amor y del engaño.
   a. los concursos televisivos   b. las telenovelas

2. Muchos actores y actrices se presentan en... para promocionar sus nuevas películas.
   a. los dibujos animados   b. los programas de entrevistas

3. La tecnología digital ha mejorado mucho el arte gráfico de... Las figuras se parecen a los seres humanos y se mueven como ellos.
   a. los dibujos animados.   b. las telenovelas.

4. En... *Jeopardy*, los participantes tienen que responder a una gran cantidad de preguntas sobre una variedad de temas para ganar dinero.
   a. el concurso televisivo   b. el programa de entrevistas

5. ...presentados durante el campeonato de fútbol americano cuestan millones de dólares.
   a. Los anuncios publicitarios   b. Los videojuegos

6. El propósito de los anuncios publicitarios es... a los televidentes a comprar los productos que les presentan.
   a. animar   b. distraer

7. Ver la televisión puede ser un pasatiempo agradable con tal de que no... la comunicación familiar.
   a. impida   b. adelgace

8. Sentarse demasiado cerca del televisor mientras se ve un programa puede... la vista.
   a. inspirar   b. dañar

9. Para no lastimarse..., es importante sentarse por lo menos a una distancia de doce pies del televisor.
   a. la vista   b. la avaricia

10. Para muchas personas, ver la televisión es... del que no se pueden escapar.
    a. un mando a distancia   b. un vicio

11. Mi esposa y yo siempre estamos discutiendo sobre quién debe controlar... porque nunca estamos de acuerdo en cuanto a cuál programa vamos a ver.
    a. el avance tecnológico   **b.** el mando a distancia

12. Los anuncios publicitarios cuentan con... de los televidentes para vender sus productos.
    a. la avaricia   **b.** animar

13. Los padres deben limitar el tiempo que sus hijos pasan jugando a... porque pueden ser un riesgo para la salud. Por ejemplo, pueden reducir su capacidad de concentrarse.
    a. los videojuegos   **b.** educar

14. Debido a los rápidos cambios que ocurren en la industria día tras día, es imposible estar al corriente de todos...
    a. los dibujos animados.   **b.** los avances tecnológicos.

15. Para... después de un día largo, me gusta ver la televisión.
    a. relajarme   **b.** dañarme

16. Me fastidia que mi compañero de cuarto deje la computadora... No es necesario y, últimamente, nos cuesta dinero.
    a. encendida.   **b.** apagada.

17. Para conservar energía hay que... las luces cuando uno no está en casa.
    a. encender   **b.** apagar

18. Miguel... mucho en los últimos meses. Está a dieta y se ha puesto en un régimen de ejercicio muy estricto.
    a. ha adelgazado   **b.** ha relajado

19. Las imágenes presentadas en la televisión... la moda y en muchos otros aspectos de la cultura popular.
    a. educan   **b.** influyen en

20. Muchas personas creen que los programas violentos... a los niños a comportarse de manera violenta.
    a. estimulan   **b.** distraen

21. Los programas de cocina siempre me... a aprender a cocinar.
    a. inspiran   **b.** apagan

22. Hay personas que no pueden mantener una conversación mientras la televisión está puesta porque las...
    a. estimula.   **b.** distrae.

23. El propósito de los canales dedicados a la vida animal es... al público sobre el sistema ecológico y los animales que lo habitan.
    a. relajar   **b.** educar

24. En los últimos años... han sido desplazadas por los DVD.
    a. los videojuegos   **b.** las videocaseteras

Práctica 3   Descripciones

Empareja cada descripción con el programa correspondiente.

1. _____ la propaganda de productos comerciales u otros servicios que se presenta en el tiempo designado para ello durante los programas televisivos

2. _____ tipo de programas que presentan competencias en las que se premia a los ganadores

3. _____ programas que presentan novelas sentimentales y románticas en emisiones sucesivas y que, en los Estados Unidos, generalmente van dirigidos a televidentes del sexo femenino

4. _____ programas en que un invitado (una invitada) contesta preguntas sobre su vida y su trabajo o carrera

5. _____ tipo de programas diseñados principalmente para los niños y los jóvenes, que se hacen fotografiando dibujos en serie que al proyectarlos, producen la sensación de movimiento

a. las telenovelas
b. los dibujos animados
c. los programas de entrevistas
d. los anuncios publicitarios
e. los concursos televisivos

Práctica 4   Carta al editor

Escribe en cada espacio en blanco la palabra apropiada según el contexto.

distrae
educan
estimulan
inspiran
relaja

Señor Director:

El fin de esta carta es manifestar mi oposición a la ley que propone que se cancele el canal educativo.

Nuestra familia obtiene varios beneficios de los programas que se ofrecen gratis al público. Por

ejemplo, los programas sobre la naturaleza _____[1] la creatividad de mi hijo menor, quien

se entusiasma con ellos. Los programas sobre medicina _____[2] a mi hijo mayor, que

quiere ser médico. Aprende mucho de ellos. A mi hija menor, el programa de Doña Etiqueta le enseña

a comportarse mejor. Como muchos televidentes, yo puedo comprobar que estos programas me

_____[3] a explorar otros horizontes. Es verdad que ver la televisión en exceso nos

_____[4] y nos quita mucho tiempo. Pero también nos _____[5] y nos

entretiene. Por eso, pienso que, en general, no hay peligro en verla con moderación.

Un televidente

Actividad   Con tus propias palabras

Escribe oraciones con cada una de las siguientes palabras o frases. En las oraciones, expresa algo relacionado con tu experiencia.

> MODELO: inspirar →
> Ver un partido emocionante entre Serena Williams y Lindsay Davenport me inspira a jugar al tenis.

1. videojuego
2. distraer
3. relajar
4. avance tecnológico

5. apagar
6. educar
7. animar
8. avaricia

Gramática

Object Pronouns (Part 2)

II. Indirect Object Pronouns

Forms

INDIRECT OBJECT PRONOUNS

me	nos
te	os
le (se)	les (se)

Functions

Indirect objects usually answer the questions *to whom, for whom, to what,* or *for what.* Pronouns replace nouns when the noun is understood.

> La televisión **nos** ofrece las noticias más corrientes.
> A los niños **les** encanta ver la televisión.

When both direct and indirect object pronouns are used together with the same verb, the indirect precedes the direct. When both pronouns begin with the letter **l-,** the indirect object pronoun becomes **se.**

🎧 PARA ESCUCHAR

Práctica 1   ¿Quién a quién?

Empareja cada una de las oraciones que escuches con el dibujo correspondiente.

> MODELO: (oyes)   El mozo les entrega una pizza.
> (escoges) (a.)

b.

1. **a.**

b.

2. **a.**

b.

3. **a.**

b.

4. **a.**

b.

5. **a.**

b.

Práctica 2   ¿A quién?

Escucha cada oración. Luego escoge el pronombre de complemento indirecto apropiado para completar la conclusión o pregunta escrita.

1. ...gusta el fútbol.
   a. Me   **b.** Te   **c.** Le   **d.** Nos   **e.** Les

2. Tengo que enviar... una carta en seguida.
   a. me   **b.** te   **c.** le   **d.** nos   **e.** les

3. Espero que el profesor... lo devuelva hoy.
   a. me   **b.** te   **c.** le   **d.** nos   **e.** les

4. ...la recomienda.
   a. Me   **b.** Te   **c.** Le   **d.** Nos   **e.** Les

5. Vamos a traer... una torta de chocolate.
   a. me   **b.** te   **c.** le   **d.** nos   **e.** les

6. ¿A ti... asustan?
   a. me   **b.** te   **c.** le   **d.** nos   **e.** les

7. Por eso, ...presté el mío para que pudieran hacer un viaje al campo.
   a. me   **b.** te   **c.** le   **d.** nos   **e.** les

8. No obstante, él insiste en que... mandó.
   a. se la   **b.** se lo   **c.** se las   **d.** se los

*PARA ESCRIBIR

Práctica 1   La sociedad

Escoge el pronombre de complemento indirecto apropiado, según el contexto.

1. Cuando era niño, yo siempre... decía la verdad a mis padres.
   a. me   **b.** te   **c.** le   **d.** nos   **e.** les

2. Estoy contenta porque... subieron el sueldo después de trabajar aquí por dos años.
   a. me   **b.** te   **c.** le   **d.** nos   **e.** les

3. Nuestros padres sólo... regalaban dos juguetes para las Navidades. Querían educarnos a celebrar las tradiciones navideñas con la familia y amigos y a guardar el sentido de las celebraciones.
   a. me   **b.** te   **c.** le   **d.** nos   **e.** les

4. Me parece difícil animar a los jóvenes a leer grandes obras literarias. Sólo... interesan los videojuegos.
   a. me   **b.** te   **c.** le   **d.** nos   **e.** les

5. Preparé tu torta favorita hoy. Si estás en casa, ...traigo más tarde.
   a. me la   **b.** te lo   **c.** te la   **d.** nos la   **e.** me lo

6. Mañana es sábado y he tenido una semana muy difícil. No... interesa salir de casa para nada.
   a. me   **b.** te   **c.** le   **d.** nos   **e.** les

7. Si a Ud. ...importan los avances tecnológicos, debe asistir a esta conferencia a las 5.00.
   a. me   **b.** te   **c.** le   **d.** nos   **e.** les

8. Mis hermanos ya tienen tantos videojuegos que es difícil comprar... uno que no tengan.
   a. me   **b.** te   **c.** le   **d.** nos   **e.** les

Práctica 2 ¿Cómo respondes?

Escoge la respuesta apropiada, según el contexto. Presta atención al uso de los pronombres de complemento directo e indirecto.

1. Una amiga tuya te da un regalo que no te gusta. ¿Qué haces tú?
   a. Se la devuelvo.
   b. Se lo devuelvo.

2. No puedes encontrar tus llaves. ¿Qué haces tú?
   a. Las busco.
   b. Los busco.

3. Un amigo te pregunta: «¿Te gusta el fútbol?» ¿Qué contestas tú?
   a. No, no me gusta.
   b. No, no te gusta.

4. Tienes ropa que ya no usas. ¿Qué haces tú?
   a. Se lo doy a mi hermano menor.
   b. Se la doy a mi hermano menor.

5. Una amiga te prepara un burrito. ¿Qué haces tú?
   a. Lo como.
   b. La como.

6. Una persona te pregunta: «¿Has leído el periódico hoy?» ¿Qué contestas tú?
   a. Sí, la he leído.
   b. Sí, lo he leído.

7. Una persona les pregunta: «¿A Uds. les interesan las noticias?» ¿Qué contestan Uds.?
   a. Sí, nos interesan.
   b. Sí, les interesan.

8. Encuentras una cartera en el suelo en el banco. ¿Qué haces tú?
   a. Se lo entrego al empleado del banco.
   b. Se la entrego al empleado del banco.

9. Echas mucho de menos a tus padres. ¿Qué haces tú?
   a. Los llamo.
   b. Las llamo.

10. Una persona le pregunta: «¿A Ud. le molesta el ruido?» ¿Qué contesta Ud.?
    a. No, no me molesta.
    b. No, no nos molesta.

Práctica 3 Las manías (*whims*) de mi hijita

Paso 1   Lee la carta que le pide consejos a Cristina. Luego, completa la respuesta de Cristina con los pronombres indirectos que faltan.

Las manías de mi hijita

Tengo una niña pequeña que tiene muchas manías a la hora de irse a dormir. Siempre tiene que estar el papá con ella y si por casualidad él no ha llegado, no se duerme. Después, tiene que abrazar una almohada que ya está tan vieja que me dan ganas[a] de botársela a la basura. Se me está convirtiendo en un problema a mí que empieza todas las noches a las siete. ¿Qué puedo hacer?

Mamá en problemas
Toluca, México

Su problema es muy común. Los niños desarrollan manías y son los padres los que muchas veces se las forman. Su niña ya sabe que a la hora de dormirse Uds. _____[1] proporcionan[b] todo lo que a ella _____[2] gusta y por supuesto, ella lo acepta encantada de la vida. A su corta edad, ella ya sabe que si llora, consigue lo que quiere. El problema es que a medida que vaya creciendo[c] seguirá utilizando sus armas para conseguir lo que desea. Trate de ir quitándo_____[3] poco a poco sus manías. Por ejemplo, que esta noche el papá no la duerma[d]. Seguramente llorará hasta quedarse dormida, pero mañana será mucho más fácil hacer que el papá no duerma a la niña. Que algo quede muy claro: No hay nada malo en que el padre la duerma, el problema es que ella no se duerma sin el padre. Con la almohadita es diferente porque en realidad siempre puede estar ahí. Así que permíta_____[4] ese gusto por ahora. Los hijos deben estar conscientes de que los padres son los que ponen la disciplina, no al revés. Trate a su niña con mucho cariño y no _____[5] grite ni la maltrate por no quedarse dormida. Eso podría traer problemas mayores.

[a]me... *I feel like*   [b]dan   [c]vaya... *grows up*   [d]la... *put her to bed*

Paso 2   Ahora indica el referente para cada uno de los pronombres indirectos que escribiste en el **Paso 1**.

REFERENTES

Cristina   la niña
la mamá   el papá

	PRONOUN	REFERENT
1.	_____	_____
2.	_____	_____
3.	_____	_____
4.	_____	_____
5.	_____	_____

✎ PARA ENTREGAR EN UNA HOJA APARTE

Actividad 1   El ocio

¿Qué les parece? Expresa tu opinión sobre las formas de diversión que aparecen a continuación. Escribe una oración completa con un pronombre de complemento indirecto para cada persona mencionada. Usa tantos verbos distintos como puedas, de la lista u otros.

animar	gustar	informar
distraer	hacer pensar	inspirar
entretener	impedir	interesar
estimular		

> MODELO: Las películas de aventuras en vídeo (*Armageddon,* por ejemplo)
> A mí → Me gustan las películas de aventuras en vídeo.

1. La música *rap*
   A mí:
   A mi amigo/a:
   A los estudiantes en general:

2. Los vídeos musicales (MTV)
   A mí:
   A mi amigo/a:
   A los estudiantes en general:

3. Las películas de terror
   A mí:
   A mi amigo/a:
   A los estudiantes en general:

4. Los videojuegos
   A mí:
   A mi amigo/a:
   A los estudiantes en general

5. Los conciertos de *rock*
   A mí:
   A mi amigo/a:
   A los estudiantes en general:

Actividad 2   ¿Por qué ves la televisión?

En la clase, se habló de las razones por las cuales se ve la televisión. Explica tus razones. Menciona también las razones que tienes en común con tus compañeros de clase y las que no tienes en común con ellos. Cuidado con los complementos directos e indirectos.

> MODELO: Veo la televisión porque me informa, pero mis compañeros de clase la ven porque los distrae de sus problemas.

LECCIÓN 8 La globalización

Ideas para explorar ¿Se fomenta una cultura homogénea?

Vocabulario

Vocabulario del tema	Definición	Contexto	Otras formas de la palabra
VERBOS			
dirigir	guiar; instruir; hacer que alguien siga cierta conducta	Los anuncios publicitarios que se ven durante las telenovelas están con frecuencia dirigidos a las mujeres.	dirección (f.) dirigente (m., f.) dirigente (adj.) dirigido/a
favorecer	apoyar; privilegiar; beneficiar	Los anuncios publicitarios y los vídeos musicales favorecen a las mujeres delgadas.	favor (m.) favorecido/a
fomentar	aumentar la actividad o intensidad de una cosa; promover	Para fomentar cambios sociales, es necesario tener una mentalidad abierta.	fomento fomentado/a
premiar	honrar; compensar; darle valor o mérito a algo o alguien	¿Se debe premiar la inteligencia más que la apariencia física?	premiación (f.) premio premiado/a
ridiculizar	burlarse; hacer a algo o alguien víctima de la risa despectiva	Muchos comediantes ridiculizan a los políticos.	ridiculez (f.) ridiculizado/a ridículo/a
satirizar	acción de ridiculizar a algo o alguien, sobre todo con una obra artística o comentario escrito	Muchas tiras cómicas satirizan a los políticos.	sátira satírico/a satirizado/a
SUSTANTIVOS			
la actitud	disposición; manera de portarse; postura corporal que denota estado de ánimo	Se dice que la actitud positiva influye en la buena salud.	actitudinal (adj.)

Vocabulario del tema	Definición	Contexto	Otras formas de la palabra
la apariencia física	aspecto físico de la persona; lo que se puede ver	¿Se basa la atracción en la apariencia física o en otros factores?	parecer parecido parecido/a físicamente (*adv.*)
el nivel económico	grado de capacidad monetaria alcanzado por una persona o grupo	¿Es verdad que el nivel económico de una persona también afecta su posición social?	nivelar economía (*f.*)
el nivel social	categoría o situación de una persona con respecto a la escala social	El algunas sociedades, el nivel social de una persona limita los trabajos que ésta puede conseguir.	sociedad (*f.*)
el producto	resultado de un trabajo; cosa producida con valor económico	¿Tienes más productos de limpieza o de belleza?	producir producción (*f.*)
el servicio	lo que se hace para satisfacer las necesidades públicas	El Internet (La red) provee muchos servicios.	servir servicial (*adj.*)
ADJETIVOS			
desagradable	no deseado; que causa una sensación negativa	Es desagradable escuchar a una persona arrogante.	desagradar desagrado desagradablemente (*adv.*)
realista	que no idealiza; que ve y evalúa las cosas como son en realidad o que valora las cosas por su capacidad práctica	Una persona realista nunca está «en las nubes».	realidad (*f.*) real (*adj.*)
sexista	que discrimina a las personas de un sexo por considerarlo inferior al otro	El programa televisivo de Howard Stern es bastante sexista hacia las mujeres.	sexismo sexo sexuado/a sexual (*adj.*)

PARA ESCUCHAR

Práctica 1   Palabras clave

Escucha las palabras del vocabulario y sus definiciones para familiarizarte con la pronunciación del vocabulario. Para cada palabra, escoge dos palabras o frases clave que te ayuden a recordar su significado. Vas a oír las definiciones dos veces.

> MODELO: (ves)   dirigir
> (oyes)   Guiar, instruir, hacer que alguien observe cierta conducta.
> (escribes)   **a.** guiar   **b.** instruir

1. favorecer   **a.** _____   **b.** _____

2. fomentar   **a.** _____   **b.** _____

3. premiar   **a.** _____   **b.** _____

4. ridiculizar   **a.** _____   **b.** _____

5. satirizar   **a.** _____   **b.** _____

6. la actitud   **a.** _____   **b.** _____

7. la apariencia física   **a.** _____   **b.** _____

8. el producto   **a.** _____   **b.** _____

9. los servicios   **a.** _____   **b.** _____

10. el nivel social   **a.** _____   **b.** _____

11. el nivel económico   **a.** _____   **b.** _____

12. desagradable   **a.** _____   **b.** _____

13. realista   **a.** _____   **b.** _____

14. sexista   **a.** _____   **b.** _____

Práctica 2   Asociaciones

Vas a escuchar unas palabras. Escoge la siguiente lista la palabra que se asocie mejor con las palabras que escuches.

1. **a.** el nivel social   **b.** los servicios
2. **a.** los productos   **b.** el nivel económico
3. **a.** sexista   **b.** la apariencia física
4. **a.** la actitud   **b.** el nivel social
5. **a.** el nivel social   **b.** sexista
6. **a.** desagradable   **b.** realista
7. **a.** los servicios   **b.** la capacidad intelectual
8. **a.** premiar   **b.** los productos
9. **a.** fomentar   **b.** ridiculizar
10. **a.** premiar   **b.** dirigir
11. **a.** favorecer   **b.** dirigir
12. **a.** premiar   **b.** ridiculizar
13. **a.** desagradable   **b.** realista
14. **a.** promover   **b.** satirizar
15. **a.** ridiculizar   **b.** favorecer

Práctica 3 Definiciones

Vas a escuchar una serie de definiciones. Escoge la palabra que corresponda a cada definición.

1. **a.** el nivel social   **b.** sexista   **c.** la actitud
2. **a.** dirigir   **b.** ridiculizar   **c.** favorecer
3. **a.** fomentar   **b.** satirizar   **c.** dirigir
4. **a.** premiar   **b.** fomentar   **c.** ridiculizar
5. **a.** fomentar   **b.** premiar   **c.** satirizar
6. **a.** la actitud   **b.** el servicio   **c.** la apariencia física
7. **a.** la apariencia física **b.** el producto   **c.** desagradable
8. **a.** los servicios   **b.** el nivel económico **c.** realista
9. **a.** ridiculizar   **b.** favorecer   **c.** dirigir
10. **a.** fomentar   **b.** promover   **c.** satirizar
11. **a.** sexista   **b.** desagradable   **c.** el nivel social
12. **a.** el nivel social   **b.** premiar   **c.** la actitud
13. **a.** los servicios   **b.** el nivel económico **c.** los productos
14. **a.** el nivel social   **b.** los servicios   **c.** promover
15. **a.** realista   **b.** sexista   **c.** desagradable

*PARA ESCRIBIR

Práctica 1 Situaciones

Empareja cada una de las situaciones con la conclusión correspondiente.

1. _____ Gabriela siempre se queja de y ridiculiza a los hombres. Dice que son necios (*idiots*).

2. _____ A Miguel no le importa el nivel económico o social de una persona.

3. _____ El clima político de hoy día no fomenta buenas relaciones entre personas de diversas persuasiones políticas.

4. _____ Anita dirige un programa para mujeres urbanas de nivel económico muy bajo.

5. _____ Pedro dibuja tiras cómicas sindicadas.

a. Puede ser muy desagradable tratar de hablar de los candidatos.
b. Tampoco escoge a sus amigos por su apariencia física.
c. Es sexista.
d. Satiriza a los líderes nacionales e internacionales.
e. Ofrece servicios médicos y varios productos médicos y alimenticios.

Práctica 2 Contextos

Escoge la palabra que complete mejor el sentido de cada una de las oraciones.

1. Una persona que ve el mundo tal como es se considera...
   a. desagradable.   **b.** realista.

2. Un hombre que cree que a una mujer le falta capacidad intelectual para hacer ciertos tipos de trabajo tiene una actitud...
   a. sexista.   **b.** realista.

3. La industria cinematográfica... tantas de sus películas a los jóvenes porque son ellos los que van más al cine, no los adultos.
   a. dirige   **b.** premia

4. Algunos sociólogos arguyen que la desigualdad entre las clases sociales... el resentimiento, lo cual conduce al crimen y la violencia en la sociedad.
   a. fomenta   **b.** satiriza

5. Los cómicos... el mundo en que vivimos como una forma de comentario social.
   a. ridiculizan   **b.** favorecen

6. Uno de los elementos que contribuyen al éxito de *Saturday Night Live* es el hecho de que... a las celebridades mismas que son invitadas al programa.
   a. dirige   b. satiriza

7. No seas... con el camarero. No es culpa suya que todas las mesas estén ocupadas.
   a. realista   b. desagradable

8. Para ayudar a las familias pobres el gobierno y otras instituciones les ofrecen varios...
   a. niveles económicos.   b. servicios.

9. Las compañías grandes usan los anuncios publicitarios para vender sus...
   a. actitudes.   b. productos.

10. Muchas personas emigraron a los Estados Unidos al comienzo del siglo XX porque existía la posibilidad de cambiar su... y tener una vida mejor.
    a. nivel social   b. apariencia física

11. Uno de los factores que considera el gobierno federal para determinar... de una familia es el salario doméstico.
    a. el nivel económico   b. la actitud

12. Es una lástima que las imágenes presentadas en la televisión pongan tanta importancia en... de una persona.
    a. los productos   b. la apariencia física

13. Se dice que las personas que tienen... positiva son más sanas y tienen más éxito en la vida.
    a. una actitud   b. un nivel social

14. Cada año la Academia de artes cinematográficas... las mejores películas.
    a. satiriza   b. premia

15. Se dice que el escuchar música clásica... el desarrollo de las capacidades mentales de los niños.
    a. favorece   b. premia

PARA ENTREGAR EN UNA HOJA APARTE

Actividad 1 ¿Qué opinas?
Escribe una oración sobre algo verdadero relacionado con cada uno de los siguientes conceptos.

1. los noticieros sensacionalistas
2. los niveles económicos
3. los niveles sociales
4. el lenguaje sexista
5. los programas realistas
6. los servicios

Actividad 2 ¿Estás de acuerdo?
Indica si estás de acuerdo o no con las ideas expresadas en cada oración. Luego, explica tus razones.

1. La mayoría de los programas televisivos presentan imágenes sexistas de las mujeres e imágenes estereotipadas de los miembros de varios grupos étnicos.
2. La violencia y el contenido sexual de los programas televisivos son sensacionalistas y ofensivos.
3. Las telenovelas son realistas porque nos presentan las relaciones humanas tales como son.
4. Los programas de entrevistas son realistas porque reflejan la realidad de nuestra sociedad.
5. Si la programación televisiva quiere ser más realista, debe haber más programas sobre la gente de nivel económico más bajo.
6. Debido al poder financiero de las compañías que pagan los anuncios publicitarios, no vamos a ver muchas innovaciones en la programación televisiva.

Gramática

The Pronoun se

In Spanish, the word **se** has three uses: as the third-person singular and plural reflexive pronoun, as a pronoun in impersonal expressions, and as a pronoun in passive constructions. **Se** never functions as the subject of a sentence.

Functions

- The reflexive **se** is like the English *himself, herself, itself,* or *themselves.* The verb is either the third-person singular or plural, to agree with the subject.

  Muchos niños **se entretienen** viendo la televisión.

  Many children entertain themselves by watching television.

  Note: **se** is also the reflexive pronoun for **Ud.** and **Uds.**

- The impersonal **se** is used like English subjects such as *one, you, people* (in general), or *they.* It indicates that people are involved in the action of the verb, but no specific individual is identified as performing the action. The verb is always in the third-person singular.

  Se ve mucho la televisión en los Estados Unidos.

  People watch a lot of television in the United States.

  No **se encuentra** mucha programación cultural en la televisión.

  You don't find a lot of cultural programming on television.

- The passive **se** is similar to the impersonal **se** in that the agent of the action is either unknown or unimportant to the message of the sentence. The speaker simply wishes to communicate that an action is being done to something. The verb is in the third-person singular or plural, depending on whether the thing acted upon is singular or plural.

  No **se refleja la realidad.**
  No **se producen programas culturales.**

  Reality isn't reflected.
  Cultural programs aren't produced.

  However, if a person or more than one person is acted upon and is preceded by **a**, then the verb remains in the singular.

  Se perjudica a los niños.
  Se estereotipa a las mujeres.

  Children are harmed.
  Women are stereotyped.

🎧 PARA ESCUCHAR

Práctica 1   ¿A sí mismo o a otra persona?

Indica si la acción en cada una de las oraciones describe lo que se hace a sí mismo (reflexivo) o a otra persona (no reflexivo).

MODELO: (oyes)   Se hizo daño jugando al basquetbol.
          (escoges)   a sí mismo ☑   a otra persona ☐

	A SÍ MISMO	A OTRA PERSONA		A SÍ MISMO	A OTRA PERSONA
1.	❏	❏	6.	❏	❏
2.	❏	❏	7.	❏	❏
3.	❏	❏	8.	❏	❏
4.	❏	❏	9.	❏	❏
5.	❏	❏	10.	❏	❏

Práctica 2 ¿Reflexivo o no?

Indica si la acción en cada una de las oraciones describe lo que se hace a sí mismo (reflexivo) o a otra persona (no reflexivo).

	REFLEXIVO	NO REFLEXIVO
1.	❑	❑
2.	❑	❑
3.	❑	❑
4.	❑	❑
5.	❑	❑
6.	❑	❑
7.	❑	❑
8.	❑	❑
9.	❑	❑
10.	❑	❑

Práctica 3 ¿Reflexivo o pasivo?

Indica si cada una de las oraciones que escuches está escrita con el **se** reflexivo o el **se** pasivo, según el contexto.

	se REFLEXIVO	**se** PASIVO
1.	❑	❑
2.	❑	❑
3.	❑	❑
4.	❑	❑
5.	❑	❑
6.	❑	❑
7.	❑	❑
8.	❑	❑
9.	❑	❑
10.	❑	❑

*PARA ESCRIBIR

Práctica 1 ¿Se o no?

Indica si cada una de las oraciones requiere el **se** reflexivo, según el contexto. Si no se necesita un pronombre reflexivo, escoge —.

		SE	—
1.	El perro Pepe... despierta a Gloria todos los días a las cinco de la mañana.	❑	❑
2.	Maricarmen... viste antes de desayunar.	❑	❑
3.	Paloma no... afeita las piernas todavía.	❑	❑
4.	Horacio... divierte a sus nietos con cuentos y canciones.	❑	❑
5.	Rita... escribe mensajes en la mano para no olvidar citas y números.	❑	❑
6.	Zubi... pone sandalias cuando sale del gimnasio.	❑	❑
7.	Inés tiene que bañar... a su padre porque él ya no puede hacerlo.	❑	❑
8.	Mis padres... levantan a las 10:00 de la mañana los sábados.	❑	❑
9.	¿Quiere Ud. poner... esta bufanda?	❑	❑
10.	Edgar... llama a su esposa antes de salir del trabajo.	❑	❑

Práctica 2   ¿Reflexivo o pasivo?

Indica si cada una de las oraciones está escrita con el **se** reflexivo o el **se** pasivo, según el contexto.

		REFLEXIVO	PASIVO
1.	Se satirizan a los políticos en casi todos los periódicos.	❑	❑
2.	Mis hijos se acuestan muy tarde, pero se despiertan a tiempo.	❑	❑
3.	Se dirigen muchos programas hispanos en nuestro estudio.	❑	❑
4.	Muchos de nuestros productos se venden en Sudamérica.	❑	❑
5.	Se estudiaron los niveles económico y social de todos los ciudadanos de esta provincia.	❑	❑
6.	Se aceptan solicitantes de todos niveles sociales.	❑	❑
7.	Miguel se compra mucha ropa en esta tienda.	❑	❑
8.	Se favorecen las modelos altas en esta industria.	❑	❑
9.	Nadie se queja de los servicios de este programa.	❑	❑
10.	A veces mi gato se duerme en el escritorio al lado del ordenador.	❑	❑

Práctica 3   ¿Impersonal o pasivo?

Escoge la forma apropiada del verbo. Presta atención al uso del **se** impersonal y el **se** pasivo. Cuando los dos son posibles, escoge la forma que corresponda con el **se** pasivo.

1. Se... que los dibujos animados son demasiado violentos hoy día.
   a. cree   **b.** creen

2. Se... comer bien en la ciudad de San Francisco.
   a. puede   **b.** pueden

3. Se... los noticieros por ser sensacionalistas.
   a. critica   **b.** critican

4. Se... a la niña porque golpeó a su amigo, Roberto.
   a. castigó   **b.** castigaron

5. Se... a varios amigos a una fiesta después del partido de fútbol.
   a. invitó   **b.** invitaron

6. Se... varios artículos sobre el escándalo.
   a. escribió   **b.** escribieron

7. Se... que ver demasiada televisión puede dañar los ojos.
   a. dice   **b.** dicen

8. Se... la fotografía justo en el momento en que el presidente bajaba del avión.
   a. sacó   **b.** sacaron

9. Se... muchos anuncios publicitarios durante los juegos olímpicos.
   a. presenta   **b.** presentan

10. Para que alcance el tiempo, se... cada presentación a diez minutos.
   a. limita   **b.** limitan

Práctica 4   Comunicarse en español
Lee el artículo sobre el uso del español en los Estados Unidos. Apunta cada uno de los verbos que aparece con **se** y luego indica la categoría de su función: reflexivo, impersonal o pasivo.

Los hispanos prefieren comunicarse en español

De acuerdo al Censo de Estados Unidos de 1990, los hispanos frecuentemente prefieren comunicarse en español. Para confirmar lo anterior, se realizaron recientemente dos estudios para la cadena de televisión «Univisión», por las agencias DRI/McGraw-Hill, Lexington, Mass. y Strategy Research Corp. de Miami, las cuales revelaron que el número de hispanos que hablan español se mantendrá y se incrementará cada vez más, aunado al alto porcentaje de inmigrantes de origen latino.

Los datos revelaron que la mayoría de los 19.6 millones de hispanos que viven en Estados Unidos, y son mayores de cuatro años de edad, habla español en casa, aunque use el inglés en la escuela, el trabajo u otro lugar fuera del hogar. El número de hispanos mayores de cinco años que habla español en casa va en ascenso, se pronosticó un aumento de 15.3 millones en 1991 a 21 millones en el año 2000 y a 26.7 millones para el 2010.

Los datos de este estudio señalaron también que el 54% de los entrevistados se sienten mejor cuando hablan español, mientras que el 41% prefiere el inglés y el 6% usa ambas lenguas. Cerca del 63% de los hispanos altamente aculturados, afirmaron hablar mayormente el español en casa, mientras el 32% habla inglés y el 16% ambas lenguas.

La preferencia de los hispanos por su cultura se refleja también en que ellos invierten alrededor de nueve horas diarias con medios de comunicación. El promedio de hispanos aculturados invierte el mismo tiempo diario con medios de comunicación en inglés y en español (aproximadamente cuatro horas con cada uno), mientras el segmento restante hispano invierte dos horas con medios en inglés y siete horas con medios en español.

FUNCIÓN DE **se**

1. _____   _____

2. _____   _____

3. _____   _____

4. _____   _____

5. _____   _____

6. _____   _____

7. _____   _____

8. _____   _____

Práctica 5   La historia de la televisión
Usa las siguientes palabras para escribir oraciones que describen eventos históricos. Use el pronombre **se** en las oraciones. **¡OJO!** Repasa los verbos en el pretérito antes de empezar.

MODELO: 1990 / introducir / el Japón → / televisión de alta resolución
En 1990 *se introdujo* en el Japón la televisión de alta resolución.

1. 1884 / conseguir / patente / primer sistema televisivo completo _____

_____

2. 1936 / producir / primera programación regular / Londres _____

_____

3. 1940 / hacer / primeros experimentos / televisión en colores _____

_____

4. 1950 / crear / primeras comedias familiares _____

_____

5. 1954 / producir / primeros televisores en colores / para el hogar _____

_____

6. 1965 / lanzar / primer satélite comercial / para comunicaciones _____

_____

PARA ENTREGAR EN UNA HOJA APARTE

Actividad 1 Las diversiones

¿Qué opinas de las varias formas de entretenimiento? Escoge cinco diversiones populares y escribe una oración con el **se** impersonal o **se** pasivo dando tu opinión sobre cada una de ellas. Puedes usar la lista a continuación.

el automovilismo	el ejercicio	los parques zoológicos
los bares	los juegos de naipes	los partidos deportivos
el ciclismo	los juegos de vídeo	la práctica de deportes
el cine	la lectura de novelas	la radio
los conciertos	los museos	el teatro

MODELO: la radio →
En la radio *se presentan* buenos programas de noticias, especialmente en *National Public Radio.*

Actividad 2 Tu pasatiempo preferido

Da instrucciones para hacer tres de tus pasatiempos preferidos sin mencionar su nombre. Usa el **se** impersonal o pasivo. ¡A ver si tu profesor(a) puede adivinar a qué te refieres!

MODELO: Esta actividad se practica al aire libre y se necesitan una raqueta, una pelota y ropa especial. Se juega entre dos o cuatro personas.
(el tenis)

Actividad 3 Lo bueno y lo malo de la televisión

Paso 1 En clase, se comentó lo bueno y lo malo de la televisión. ¿Estás de acuerdo con las opiniones de la clase o no? Haz una lista de tres de las cosas buenas y tres de las cosas malas de la televisión, según el consenso de la clase. Luego, indica si estás de acuerdo con la clase o no. Incluye tantas cosas como puedas.

LO BUENO DE LA TELEVISIÓN SEGÚN LA CLASE

MODELO: Se presentan muchas imágenes positivas de la mujer.

LO MALO DE LA TELEVISIÓN SEGÚN LA CLASE

MODELO: Se presentan muchas imágenes negativas de la mujer.

Paso 2 Escoge dos o tres de las afirmaciones del **Paso 1** y da ejemplos que apoyan tu opinión.

Ideas para explorar ¿Hacia la globalización?

Vocabulario

Vocabulario del tema	Definición	Contexto	Otras formas de la palabra
VERBOS			
colocar	poner; asignarle a algo o alguien un lugar adecuado y luego ponerlo en ese lugar	En los países hispanos se coloca el apellido del padre antes del apellido de la madre.	colocación (f.) colocado/a
crear	hacer existir; producir una obra artística; iniciar un proyecto	La experiencia y la educación formal crean un mayor número de oportunidades para el estudiante universitario.	creación (f.) creado/a creativo/a
diseñar	apuntar un esquema; hacer un bosquejo; dibujar una cosa o describir algo con palabras e ideas propias	Además de diseñar ropa, Calvin Klein, Ralph Lauren y muchos otros artistas diseñan productos domésticos.	diseñador(a) diseño diseñado/a
empeñarse	proponer o sostener una cosa con obstinación	Cristóbal Colón se empeñó en navegar el océano Atlántico.	empeño empeñado/a
remplazar	sustituir; quitar una cosa y poner otra en su lugar	El DVD remplazará a la videocasetera dentro de muy poco.	remplazo remplazado/a
SUSTANTIVOS			
la cibernética	ciencia que estudia los sistemas de comunicación y control automático en los seres vivos y en los sistemas electrónicos y mecánicos	Hace 50 años, la cibernética era parte de la ficción, pero hoy en día es una realidad.	ciberespacio cibernauta (m., f.) cibernético/a
el cursor	señal móvil que indica el sitio en la pantalla de una computadora en donde está trabajando el usuario	El cursor puede situarse sobre cualquier punto de la pantalla.	

Vocabulario del tema	Definición	Contexto	Otras formas de la palabra
la interfaz	circuito o punto de enlace entre dos sistemas; puente entre dos entidades distintas	Hoy en día las computadoras hechas por diferentes compañías pueden estar unidas por una interfaz.	
los periféricos	cualquier aparato con cierta función que se conecta a una computadora	Se puede aumentar la capacidad de cualquier computadora con el uso de periféricos.	periferia periférico/a
el reto	incitación que se le hace a una persona para que luche o compita	El reto del nuevo presidente es mejorar la economía del país.	retar retado/a
ADJETIVOS			
cotidiano/a	de todos los días; que ocurre todos los días de manera rutinaria	Las costumbres cotidianas de la gente definen su cultura.	cotidianidad (*f.*) cotidianamente (*adv.*)
llamativo/a	que llama o atrae la atención	La ropa de algunos músicos es más llamativa que su música.	llamar llamativamente (*adv.*)

PARA ESCUCHAR

Práctica 1   Palabras clave

Escucha las palabras del vocabulario y sus definiciones para familiarizarte con la pronunciación del vocabulario. Para cada palabra, escoge dos palabras o frases clave que te ayuden a recordar su significado. Vas a oír las definiciones dos veces.

> MODELO: (ves) el reto
> (oyes) Incitación o provocación de una persona a otra a luchar o competir con ella.
> (escribes) **a.** incitación   **b.** provocación

1. colocar   **a.** _____   **b.** _____

2. crear   **a.** _____   **b.** _____

3. empeñarse   **a.** _____   **b.** _____

4. diseñar   **a.** _____   **b.** _____

5. remplazar   **a.** _____   **b.** _____

6. la cibernética   **a.** _____   **b.** _____

7. el cursor   **a.** _____   **b.** _____

8. la interfaz   **a.** _____   **b.** _____

9. los periféricos   **a.** _____   **b.** _____

10. cotidiano   **a.** _____   **b.** _____

11. llamativo   **a.** _____   **b.** _____

Práctica 2   Asociaciones

Vas a escuchar unas palabras. Escoge de la siguiente lista la palabra que se asocie mejor con las palabras que escuches.

1. **a.** el reto   **b.** la interfaz
2. **a.** colocar   **b.** diseñar
3. **a.** llamativo/a   **b.** cotidiano/a
4. **a.** crear   **b.** remplazar
5. **a.** cotidiano/a   **b.** llamativo/a
6. **a.** colocar   **b.** remplazar
7. **a.** diseñar   **b.** empeñarse
8. **a.** el cursor   **b.** la cibernética
9. **a.** diseñar   **b.** colocar
10. **a.** la interfaz   **b.** los periféricos
11. **a.** los periféricos   **b.** la interfaz
12. **a.** la interfaz   **b.** la cibernética

Práctica 3   Definiciones

Vas a escuchar una serie de definiciones. Escoge la palabra que corresponda a cada definición.

1. **a.** crear   **b.** el cursor   **c.** remplazar
2. **a.** la interfaz   **b.** llamativo/a   **c.** el reto
3. **a.** llamativo/a   **b.** cotidiano/a   **c.** empeñarse
4. **a.** llamativo/a   **b.** los periféricos   **c.** cotidiano/a
5. **a.** la cibernética   **b.** el cursor   **c.** los periféricos
6. **a.** remplazar   **b.** la interfaz   **c.** los periféricos
7. **a.** la cibernética   **b.** la interfaz   **c.** el reto
8. **a.** crear   **b.** colocar   **c.** diseñar
9. **a.** empeñarse   **b.** remplazar   **c.** crear
10. **a.** el cursor   **b.** cotidiano/a   **c.** el reto
11. **a.** empeñarse   **b.** diseñar   **c.** colocar
12. **a.** diseñar   **b.** remplazar   **c.** la interfaz

Práctica 1 Situaciones

Empareja cada una de las situaciones con la conclusión más lógica.

1. ____ Gabriel tiene cuatro computadoras diferentes en casa y quiere conectarlas para compartir archivos e impresoras.

2. ____ Laura y su esposo coleccionan películas en vídeo y ahora que tienen un DVD sin videocasetera no saben qué hacer.

3. ____ Los anuncios publicitarios para las computadoras tratan de mostrar la facilidad y el poder (*power*) de sus máquinas.

4. ____ Víctor tiene casi 80 años y sus hijos viven por todo el mundo. Víctor quiere poder comunicarse sin gastar mucho dinero; por eso compró una computadora.

5. ____ Emilia diseña muebles para las computadoras.

a. Incluyen varios periféricos que pueden comprarse por separado.

b. Creó un escritorio en que uno puede colocar todos los periféricos sin tener un lío (*mess*) de cables.

c. Necesita una buena interfaz.

d. Su reto es aprender a usarla.

e. Es muy caro remplazar todas.

Práctica 2 Contextos

Escoge la palabra que complete mejor el sentido de cada una de las oraciones.

1. Uno de los retos mayores de Microsoft es crear... que sea intuitiva para los usuarios.
   a. una interfaz   b. un periférico

2. El gobierno invierte millones de dólares en... para mejorar la economía de la nación.
   a. el cursor   b. la cibernética

3. Muchas veces el precio de las computadoras no incluye el costo de..., como la impresora.
   a. la interfaz   b. los periféricos

4. Para pasar a la página siguiente de la red sólo se tiene que colocar... en el vínculo que se quiere seguir y hacer clic.
   a. el cursor   b. la cibernética

5. Bill Gates, el empresario de tecnología, ...en poner una computadora en cada hogar.
   a. diseña   b. se empeña

6. Muchas industrias diversas dependen de la tecnología para... maneras más eficaces de fabricar sus productos.
   a. crear   b. remplazar

7. Es necesario... el cursor sobre el icono y hacer clic para abrir el programa.
   a. colocar   b. crear

8. A Manolo le gusta... de diseñar sistemas y programas para las empresas muy grandes.
   a. la cibernética   b. el reto

9. Se dice que el teléfono celular va a... al teléfono tradicional.
   a. remplazar   b. crear

10. Los ingenieros de Macintosh... las computadoras en colores brillantes y estilos modernos con el propósito de atraer nuevos clientes.
    a. colocan   b. diseñan

11. El estilo de las nuevas computadoras de Macintosh es...
   a. llamativo.   **b.** cotidiano.

12. Para muchas personas, la acción de chequear el correo electrónico es una actividad...
   a. cotidiana.   **b.** llamativa.

PARA ENTREGAR EN UNA HOJA APARTE

Actividad 1   Con tus propias palabras
Escribe oraciones con cada una de las siguientes palabras o frases. En las oraciones, expresa algo relacionado con tu experiencia.

MODELO: colocar → Cuando entro en mi cuarto, siempre coloco mis llaves en su lugar para no perderlas.

1. diseñar
2. remplazar
3. cotidiano
4. la interfaz
5. llamativo
6. empeñarse
7. los periféricos
8. crear

Actividad 2   Relaciones
Expresa, con tus propias palabras, la relación entre cada par de palabras.

1. cotidiano, llamativo
2. diseñar, la cibernética
3. empeñarse, crear
4. el reto, remplazar
5. la interfaz, los periféricos

Gramática

Conditional Tense

Forms
To form the conditional, add the conditional endings to the infinitive, whether **-ar, -er,** or **-ir** verbs. These are the same endings as in the imperfect of **-er/-ir** verbs.

lanzar	**acceder**	**emitir**
lanzaría	accedería	emitiría
lanzarías	accederías	emitirías
lanzaría	accedería	emitiría
lanzaríamos	accederíamos	emitiríamos
lanzaríais	accederíais	emitiríais
lanzarían	accederían	emitirían

Verbs that are irregular in the future tense have the same irregularity in the conditional. There are three types of irregularities.

- some verbs such as **caber, haber, poder, querer,** and **saber** drop the **e** from the infinitive before adding the conditional endings: **cabr-, habr-, podr-, querr-, sabr-**
- a **d** replaces the **e** or **i** of the infinitive in verbs such as **poner, salir, tener, valer,** and **venir: pondr-, saldr-, tendr-, valdr-, vendr-**
- the forms for **decir** and **hacer** are completely irregular: **dir-** and **har-,** respectively

Functions

To express states, actions, or events that have not yet come to pass. They may or may not eventually happen, depending on the circumstances.

Pagaría más para recibir canales en español.
I would pay more to receive Spanish-language channels.

The case described here is that you may or may not have to pay more for this service, and that Spanish-language channels may or may not become available.

PARA ESCUCHAR

Práctica 1   ¿Algo que haría o que hacía?

Patricio es un estudiante en comunicaciones y habla de lo que haría si fuera (*if he were*) el director de la estación televisiva. También habla de lo que hacía antes de estudiar comunicaciones. Indica si cada una de las oraciones que escuches refiere a lo que haría como director o a lo que hacía antes.

Estrategia para escuchar

Since **-er/-ir** imperfect and conditional endings are the same, you'll need to listen for the unstressed "extra" syllable in the conditional. For example, **comería** (conditional) versus **comía** (imperfect).

MODELO:	(oyes)	Veía muchísimo el programa de entrevistas de Geraldo.	
	(escoges)	algo que haría ☐	algo que hacía ☑

	ALGO QUE HARÍA	ALGO QUE HACÍA		ALGO QUE HARÍA	ALGO QUE HACÍA
1.	☐	☐	**6.**	☐	☐
2.	☐	☐	**7.**	☐	☐
3.	☐	☐	**8.**	☐	☐
4.	☐	☐	**9.**	☐	☐
5.	☐	☐	**10.**	☐	☐

Práctica 2   ¿Pasará o pasaría?

Escucha cada una de las oraciones de un televidente típico. Indica si habla de lo que pasará en el futuro o de lo que pasaría si fuera (*if it were*) posible.

Estrategia para escuchar

Because both the future tense and the conditional are based on the infinitive of a verb, you will need to listen for the verb endings to distinguish between the two forms. Remember that the future forms end with a stressed final syllable (except for the **nosotros** form, where the stress falls on the next-to-last syllable), **-e, -ás, -á, -emos, -éis, -án.** The conditional forms all have endings based on **-ía: -ía, -ías, -ía, -íamos, -íais, -ían.**

MODELO: (oyes) Tendría más oportunidades para escoger la programación.
(indicas) Pasará ☐   Pasaría ☑

	PASARÁ	PASARÍA		PASARÁ	PASARÍA
1.	☐	☐	6.	☐	☐
2.	☐	☐	7.	☐	☐
3.	☐	☐	8.	☐	☐
4.	☐	☐	9.	☐	☐
5.	☐	☐	10.	☐	☐

Práctica 3   ¿Condicional o imperfecto?

Indica si cada una de las oraciones que escuches está en el condicional (C) o en el imperfecto (I).

	C	I
1.	☐	☐
2.	☐	☐
3.	☐	☐
4.	☐	☐
5.	☐	☐
6.	☐	☐
7.	☐	☐
8.	☐	☐
9.	☐	☐
10.	☐	☐

*PARA ESCRIBIR

Práctica 1   ¿Condicional o futuro?

Indica si cada una de las oraciones está escrita en el condicional (C) o el futuro (F).

		C	F
1.	Miguel estaría enfermo.	☐	☐
2.	Felipe y Consuelo vendrían por unas horas.	☐	☐
3.	Yo veré *Los Simpsons* con mis colegas el domingo.	☐	☐
4.	¿Me prestarías dinero para el partido de fútbol esta noche?	☐	☐
5.	Nosotros iremos a San Diego para visitar a un amigo.	☐	☐
6.	A ti te gustarían las novelas de Julio Cortázar.	☐	☐
7.	Mi compañero de cuarto y yo nos abonaremos a la televisión por cable.	☐	☐
8.	Carmen no comprendería la tarea muy bien.	☐	☐
9.	Roberto y Alicia nos llevarían al partido de béisbol.	☐	☐
10.	Juan les dirá la verdad a sus padres para no enfadarles.	☐	☐

Práctica 2   Oraciones

Escoge el verbo que complete mejor el sentido de cada una de las oraciones.

1. Las compañías de televisión por cable... el precio que pagamos cada mes pero el gobierno no se lo permite.
   a. subirían   **b.** costarían

2. Mi sobrina... ver los dibujos animados en vez de las telenovelas.
   a. sería   **b.** preferiría

3. Yo... con Uds. esta noche pero tengo un examen de sociología mañana por la mañana.
   a. pondría   b. saldría

4. Ignacio... su coche a Pedro por ocho mil dólares.
   a. vendería   b. vendría

5. Nosotros les... la cena a Uds. a cambio de su ayuda con la pintura de la casa.
   a. cocinaríamos   b. viviríamos

6. ¿ ...el partido de básquetbol? Trabajo hasta las nueve y quiero verlo.
   a. Harías   b. Grabarías

7. Las cadenas populares, como NBC, ...más documentales, pero hay muy poco interés en esos programas.
   a. producirían   b. dañarían

8. Marta llegó tarde a la recepción. No... a qué hora empezó.
   a. tendría   b. sabría

9. Para proteger a los niños de las pesadillas, yo... mostrar tanta violencia en la televisión.
   a. prohibiría   b. permitiría

10. Elena y su hermana decidieron que... a Europa después de graduarse de la universidad.
    a. dirían   b. viajarían

Práctica 3   ¿Qué creías?

Escribe la forma correcta del condicional de los verbos entre paréntesis. Luego indica cómo tú completarías la oración sobre lo que creías en el pasado.

Yo creía que...

1. el estudio del español _____ (ser)...
   ❑ difícil.   ❑ fácil.

2. en el primer trabajo _____ (ganar)...
   ❑ mucho dinero.   ❑ mucha experiencia.

3. el primer viaje solo/a _____ (poder)...
   ❑ ver muchas atracciones.   ❑ relajarme.

4. en una residencia estudiantil o en una ciudad universitaria _____ (tener)...
   ❑ mucha libertad.   ❑ muchos problemas.

5. la primera experiencia amorosa _____ (durar)...
   ❑ poco tiempo.   ❑ para siempre.

6. al tomar bebidas alcohólicas por primera vez _____ (ponerme)...
   ❑ enfermo/a.   ❑ alegre.

7. usar la computadora para hacer la tarea me _____ (ayudar)...
   ❑ un poco.   ❑ a completar tarea más rápido.

8. al cocinar por primera vez todo me _____ (salir)...
   ❑ bien.   ❑ mal.

9. al hablar en público por primera vez _____ (estar)...
   ❑ nervioso/a.   ❑ tranquilo/a.

10. ver una película de horror por primera vez me _____ (dar)...
    ❑ escalofríos (*goosebumps*). ❑ risa.

Práctica 4   Oraciones

Escribe la forma correcta del condicional de cada uno de los verbos entre paréntesis. Luego empareja cada frase con la conclusión correcta a la derecha.

1. _____ Los actores (ponerse) _____

2. _____ Yo (decir) _____

3. _____ Muchos profesores (dejar) _____

4. _____ Los estudiantes (poder) _____

5. _____ Los niños no (tener) _____

6. _____ Los padres (querer) _____

7. _____ El jefe de un canal televisivo (hacer) _____

8. _____ Los adolescentes (venir) _____

a. un televisor con controles especiales para sus hijos.

b. cualquier cosa para aumentar el número de televidentes de su canal.

c. a un lugar que ofrece películas y comida gratis.

d. la ropa más fea con tal de hacer un papel importante en una película.

e. que soy el rey de Polonia por conseguir boletos gratis para ver una buena película.

f. ninguna queja con la idea de mirar la televisión todo el día.

g. influir en la programación televisiva si unieran sus esfuerzos.

h. su puesto en la universidad si los censuraran.

PARA ENTREGAR EN UNA HOJA APARTE

Actividad 1   ¿Qué harías... ?

Escribe oraciones en las que describes lo que harías en estas situaciones hipotéticas.

MODELO: Estás en casa y las luces se apagan. →
Yo buscaría una vela y esperaría.

1. Alguien te invita a salir pero esa persona nunca llega.
2. Llegas a una fiesta y te das cuenta de que eres la única persona vestida con ropa informal.
3. Te levantas a las 9.00 y te das cuenta de que había un examen en tu clase de las 8.00.
4. Tu compañero/a de cuarto quiere ver un programa y tú quieres ver otro.
5. Alguien que no conoces bien te invita a acompañarlo/la de vacaciones sin que tú tengas que gastar dinero en nada.
6. Tu amigo íntimo/amiga íntima quiere copiar tu examen de español.
7. Encuentras una araña enorme en el baño.
8. Un empleado del banco se equivoca y deposita mil dólares en tu cuenta.
9. Tienes la oportunidad de asistir a un concierto de tu conjunto preferido el mismo día que tienes una reunión muy importante en el trabajo.
10. Estás en una ciudad grande y te pierdes. El coche que manejas se descompone en un barrio peligroso y no hay teléfono.

Actividad 2   En un mundo ideal

¿Cómo sería tu mundo ideal? Escribe por lo menos ocho oraciones en que describas tu mundo ideal. Usa el condicional.

MODELO: En mi mundo ideal, no existiría el racismo.

En mi mundo ideal, ...

Resumen y repaso

Resumen léxico

Los recursos disponibles

VERBOS	SUSTANTIVOS	
enterarse	la agenda electrónica	las noticias
entretenerse	el cajero automático	la pantalla
mandar	la computadora (el ordenador)	la red de comunicación
meter	el correo electrónico	la señal
navegar	el celular (el móvil)	el teléfono inalámbrico
recibir	el fax (el facsímil)	
sonar	(el) Internet (la red)	ADJETIVOS
transmitir	el mensaje	eficaz
		portátil

La sociedad

VERBOS	impedir	los concursos televisivos
adelgazar	influir en	los dibujos animados
animar	inspirar	el mando a distancia
apagar	relajar	los programas de entrevistas
dañar		las telenovelas
distraer	SUSTANTIVOS	el vicio
educar	los anuncios publicitarios	la videocasetera
encender	el avance tecnológico	el videojuego
estimular	la avaricia	la vista

¿Se fomenta una cultura homogénea?

VERBOS	ridiculizar	la apariencia física	ADJETIVOS
dirigir	satirizar	el nivel económico	desagradable
favorecer		el nivel social	realista
fomentar	SUSTANTIVOS	el producto	sexista
premiar	la actitud	los servicios	

¿Hacia la globalización mundial?

VERBOS	SUSTANTIVOS	ADJETIVOS
colocar	la cibernética	cotidiano/a
crear	el cursor	llamativo/a
diseñar	la interfaz	
empeñarse	los periféricos	
remplazar	el reto	

Resumen gramatical

OBJECT PRONOUNS (LECCIÓN 7)

1. Direct Object Pronouns

me	nos
te	os
lo/la	los/las

2. Indirect Object Pronouns

me	nos
te	os
le	les

THE PRONOUN se (LECCIÓN 8)

1. The Reflexive se

$$\textbf{se} + \text{third person} \begin{Bmatrix} \text{singular} \\ \text{plural} \end{Bmatrix} \text{verb}$$

OTHER REFLEXIVE PRONOUNS	
me	nos
te	os

2. The Impersonal se

$$\textbf{se} + \text{third person singular verb}$$

3. The Passive se

$$\textbf{se} + \text{third person} \begin{Bmatrix} \text{singular} \\ \text{plural} \end{Bmatrix} \text{verb} + \text{noun}$$

$$\text{noun} + \textbf{se} + \text{third person} \begin{Bmatrix} \text{singular} \\ \text{plural} \end{Bmatrix} \text{verb}$$

CONDITIONAL TENSE (LECCIÓN 8)

Conditional

INFINITIVE +	ENDINGS =	CONDITIONAL TENSE FORMS
educar +	-ía -ías -ía -íamos -íais -ían	educaría educarías educaría educaríamos educaríais educarían

Irregular Forms of the Conditional

CHANGE	INFINITIVE	CONDITIONAL AND FUTURE STEM	CONDITIONAL TENSE FORMS OF FIRST PERSON SINGULAR
drop **e** *from infinitive*	caber haber poder querer saber	cabr- habr- podr- querr- sabr-	cabría habría podría querría sabría
d *replaces* **e** *or* **i** *of infinitive*	poner salir tener valer venir	pondr- saldr- tendr- valdr- vendr-	pondría saldría tendría valdría vendría
idiosyncratic	decir hacer	dir- har-	diría haría

UNIDAD **4**

Los medios de comununicación y la globalización

• •

Examen de práctica

Puntos ganados = ____
Total posible = 47

I. Vocabulario (30 puntos)

A. Definiciones. Escucha la definición y luego escribe su número al lado de la palabra apropiada. (10 puntos)

a.	____ animar	**f.**	____ avaricia
b.	____ distraer	**g.**	____ pantalla
c.	____ empeñarse	**h.**	____ relajar
d.	____ enterarse	**i.**	____ satirizar
e.	____ sonar	**j.**	____ teléfono inalámbrico

B. Asociaciones. Empareja la palabra de la columna A con la(s) palabra(s) más lógica(s) de la columna B. (10 puntos)

A

1. ____ llamativo/a
2. ____ actitud
3. ____ anuncios publicitarios
4. ____ eficaz
5. ____ concurso televisivo
6. ____ transmitir
7. ____ entretenerse
8. ____ favorecer
9. ____ mando a distancia
10. ____ vicio

B

a. divertirse, distraerse
b. describir productos o servicios
c. competición, premios
d. preferir
e. mal hábito
f. emitir
g. cambiar canales
h. atraer la atención
i. eficiente
j. disposición

C. Más definiciones. Empareja cada definición con la palabra apropiada. (10 puntos)

1. _____ darle a alguien energía moral; impulsar
2. _____ programas que se caracterizan por presentar una trama larga y continua
3. _____ herir; perjudicar
4. _____ inculcar ideas y afectos
5. _____ dar existencia; producir
6. _____ se puede llevar
7. _____ aparato que transmite documentos
8. _____ disposición; manera de portarse
9. _____ sentido corporal con que se ve
10. _____ poner en un sitio

a. actitud
b. animar
c. colocar
d. crear
e. dañar
f. fax
g. inspirar
h. portátil
i. telenovelas
j. vista

II. Gramática (11 puntos)

A. Pronombres. Selecciona el pronombre apropiado según el contexto. (5 puntos)

1. (Le/Les) pregunta cómo llegar al museo.

   Contexto: Un joven visita una ciudad que no conoce bien. Ve a dos personas mayores.

2. (Se/Lo) baña.

   Contexto: Es por la mañana y un chico y su perro mascota (*pet*) están en el cuarto de baño. El perro está sobre una alfombra y el chico está en la ducha.

3. (Se/Los) critica la televisión.

   Contexto: Todos mis amigos hablan mal de la programación televisiva. Dicen que los programas son tontos y que hay demasiada violencia.

4. (Me/Nos) inspiran los anuncios publicitarios.

   Contexto: Mis padres no toleran los anuncios publicitarios. A mí, sin embargo, me parecen muy creativos.

5. (Me/Los) vigilaban.

   Contexto: Cuando era niña, mis padres controlaban todo lo que hacía, en particular el número de horas que veía la televisión.

B. El condicional. Escribe la forma condicional del verbo según el contexto. Luego, indica si la oración se te aplica o no (6 puntos: 1 punto por el verbo y 1 punto por indicar si se te aplica)

	SÍ	NO
1. Me _____ (gustar) trabajar en la televisión.	❑	❑
2. Mis padres no _____ (censurar) nunca el lenguaje indecente en los programas televisivos porque es el lenguaje más realista.	❑	❑
3. Algunos de mis amigos no _____ (tener) problemas en eliminar por completo el canal A & E.	❑	❑

III. Información en clase (6 puntos)

Conceptos importantes. Escoge dos de los siguientes conceptos y explica la importancia de cada uno en el contexto en que lo estudiamos en clase. (6 puntos)

1. las razones más mencionadas por los miembros de la clase al preguntarles por qué ven la televisión

_____

_____

_____

2. la influencia de los anuncios publicitarios en los jóvenes

_____

_____

_____

3. la importancia de los avances tecnológicos en la educación

_____

_____

_____

ESCALA DE CORRECCIÓN PARA LA SECCIÓN III

3 puntos	La respuesta está correcta e indica que tienes un buen entendimiento del concepto.
2 puntos	La respuesta está incompleta e indica que tienes entendimiento parcial o limitado del concepto.
1 punto	La respuesta está incompleta; no da detalles; da poca información e/o información incorrecta.
0 puntos	La respuesta indica que todavía no entiendes el concepto.

UNIDAD **5**

La libertad y la falta de libertad

• •

LECCIÓN 9   Las libertades y la violación de las libertades

Ideas para explorar *Las libertades*

• •

Vocabulario

Vocabulario del tema	Definición	Contexto	Otras formas de la palabra
VERBOS			
arriesgar	poner a alguien o algo en peligro o en una situación incierta	Es preferible no arriesgar el dinero en inversiones poco estables.	riesgo arriesgado/a
denunciar	acusar ante las autoridades	Todo tipo de discriminación sexual debe denunciarse.	denuncia denunciable (*adj.*) denunciado/a denunciatorio/a
difundir opiniones	divulgar o propagar ciertas ideas	La manera más efectiva de difundir opiniones es mediante los medios de comunicación.	opinar difusión (*f.*) difundido/a
SUSTANTIVOS			
el bien común	interés y provecho de todos	Las leyes se establecen pensando en el bien común.	comunidad (*f.*) comunal (*adj.*) comúnmente (*adv.*)
los derechos (humanos, legales, personales)	conjunto de principios y leyes a que están sometidas las relaciones humanas en toda sociedad civil	Adolfo Hitler no respetó los derechos humanos de las minorías.	humanizar legislar personalizar humanidad (*f.*) ley (*f.*) persona

Vocabulario del tema	Definición	Contexto	Otras formas de la palabra
la igualdad	principio que reconoce en todos los ciudadanos la capacidad de gozar de los mismos derechos sin ninguna diferencia	Con respecto a los sueldos, no existe aún igualdad entre los hombres y las mujeres.	igualar igual (*adj.*) igualado/a igualmente (*adv.*)
la independencia	libertad, autonomía; que no depende de otro	La independencia de los Estados Unidos se celebra cada 4 de julio.	independizar independiente (*adj.*) independientemente (*adv.*)
la libertad	facultad del ser humano para elegir su propia línea de conducta y ser responsable de ella; estado de la persona que no está sometida a la voluntad o dominio de otro	La libertad es uno de los principios fundamentales de la democracia.	liberar libre (*adj.*)
las manifestaciones políticas	reuniones públicas que generalmente tienen lugar al aire libre y en las cuales los participantes dan a conocer sus deseos y sentimientos	Hubo muchas manifestaciones políticas en contra de la guerra de Vietnam.	manifestar manifestante (*m., f.*) manifiesto
los privilegios	posibilidad de hacer o tener algo que a los demás les está prohibido; ventajas exclusivas o especiales concedidas por un superior	El acceso a las escuelas y las universidades debe ser un derecho, no un privilegio.	privilegiar privilegiado/a
la tiranía	abuso de autoridad; gobierno que impone su voluntad al pueblo, a veces mediante la crueldad, sin tomar en cuenta la razón o la justicia	La tiranía es la peor forma de gobierno.	tiranizar tirano/a tiranizado/a

PARA ESCUCHAR

Práctica 1   Palabras clave

Escucha las palabras del vocabulario y sus definiciones para familiarizarte con la pronunciación del vocabulario. Para cada palabra, escoge dos palabras o frases clave que te ayuden a recordar su significado. Vas a oír las definiciones dos veces.

> MODELO: (ves)   arriesgar
> (oyes)   Poner a alguien o algo en peligro o en una situación incierta.
> (escribes)   **a.** poner en peligro   **b.** situación incierta

1. denunciar   **a.** _____   **b.** _____

2. difundir opiniones   **a.** _____   **b.** _____

3. el bien común   **a.** _____   **b.** _____

4. los derechos   **a.** _____   **b.** _____

5. la igualdad   **a.** _____   **b.** _____

6. la independencia   **a.** _____   **b.** _____

7. la libertad   **a.** _____   **b.** _____

8. las manifestaciones políticas   **a.** _____   **b.** _____

9. los privilegios   **a.** _____   **b.** _____

10. la tiranía   **a.** _____   **b.** _____

Práctica 2   Asociaciones

Vas a escuchar unas palabras. Escoge de la siguiente lista la palabra o frase que se asocie mejor con las palabras que escuches.

1. **a.** la independencia   **b.** las manifestaciones políticas
2. **a.** la igualdad   **b.** la independencia
3. **a.** los privilegios   **b.** los derechos humanos
4. **a.** el bien común   **b.** la tiranía
5. **a.** difundir opiniones   **b.** denunciar
6. **a.** los derechos personales **b.** la tiranía
7. **a.** los privilegios   **b.** la independencia
8. **a.** el bien común   **b.** las manifestaciones políticas
9. **a.** arriesgar   **b.** difundir opiniones
10. **a.** los derechos legales   **b.** denunciar
11. **a.** el bien común   **b.** los derechos personales
12. **a.** arriesgar   **b.** difundir opiniones

Práctica 3   Definiciones

Vas a escuchar una serie de definiciones. Escoge la palabra o frase que corresponda a cada definición.

1. **a.** la igualdad   **b.** sin embargo   **c.** la independencia
2. **a.** los derechos legales   **b.** las manifestaciones   **c.** la igualdad
                                             políticas
3. **a.** los privilegios   **b.** el bien común   **c.** la tiranía
4. **a.** los derechos personales **b.** la independencia   **c.** los privilegios
5. **a.** las manifestaciones   **b.** los privilegios   **c.** la igualdad
         políticas
6. **a.** denunciar   **b.** los derechos humanos   **c.** la independencia

7.	a.	la tiranía	b.	difundir opiniones	c.	la igualdad
8.	a.	denunciar	b.	difundir opiniones	c.	arriesgar
9.	a.	difundir opiniones	b.	la tiranía	c.	el bien común
10.	a.	los derechos humanos	b.	las manifestaciones políticas	c.	los derechos personales
11.	a.	los derechos humanos	b.	los privilegios	c.	la independencia
12.	a.	denunciar	b.	arriesgar	c.	difundir opiniones

✎ *PARA ESCRIBIR

Práctica 1   Situaciones

Empareja cada una de las situaciones con la conclusión más lógica.

1. _____ Se sabe que los ciudadanos que denuncian este gobierno arriesgan su vida.

2. _____ A veces esta ley protege a los criminales porque la usan para defenderse.

3. _____ En preparación para las primeras elecciones del país, los candidatos no tenían muchas oportunidades para presentar sus ideas.

4. _____ Alicia y sus amigos forman parte de una organización que lucha por la igualdad, la libertad y los derechos humanos.

5. _____ María opina que la educación y el acceso a servicios médicos deben ser derechos.

a. Asisten a dos o tres manifestaciones políticas cada mes.

b. Pero es necesaria para proteger la libertad y el bien común.

c. Todavía parecen ser privilegios que no incluyen a todos.

d. Fue muy difícil difundir opiniones y puntos de vista.

e. Es una tiranía que no acepta crítica.

Práctica 2   Contextos

Escoge la palabra que complete mejor el sentido de cada una de las oraciones.

1. Se critica a la clase alta porque goza de muchos... a los cuales no tienen acceso las clases media y baja.
   a. igualdades
   b. privilegios

2. Durante los años 60, los activistas en favor de la paz organizaron muchas... para protestar la participación de los Estados Unidos en la guerra de Vietnam.
   a. manifestaciones políticas
   b. derechos legales

3. La Constitución de los Estados Unidos nos garantiza..., así que podemos vivir nuestra vida como queremos.
   a. el bien común
   b. los derechos personales

4. Los colonos de Norteamérica lucharon contra los británicos en la Guerra Revolucionaria para conseguir su... del gobierno de la Gran Bretaña.
   a. privilegio
   b. independencia

5. El propósito del movimiento para los derechos civiles en los Estados Unidos durante los años 60 era asegurar... para todos los grupos étnicos.
   a. la igualdad
   b. la tiranía

6. Hay varias organizaciones, como Amnistía Internacional, que luchan contra el abuso de...
   a. la independencia.
   b. los derechos humanos.

7. Es importante en una sociedad democrática que el gobierno trabaje por... de todos los ciudadanos, no sólo el de algunos individuos.
   a. el bien común
   b. las manifestaciones políticas

8. Muchas personas hablan de la importancia de la igualdad. ..., muy pocos hacen algo para asegurarla para todos.
   a. Los privilegios
   b. Sin embargo

9. Una persona acusada de un crimen que rechaza un abogado defensor... tener un juicio imparcial.
   a. arriesga
   b. denuncia

10. En los Estados Unidos... le garantizan a una persona acusada de un crimen disponer de un abogado defensor durante el juicio.
    a. los derechos personales
    b. los derechos legales

11. Muchos gobiernos tiránicos utilizan los periódicos y los noticieros para... que favorecen su posición política.
    a. difundir opiniones
    b. autorizar

12. Durante la época del Senador McCarthy... a muchas personas inocentes acusándolas de comunistas.
    a. se arriesgó
    b. se denunció

13. Los derechos humanos y civiles de las naciones que están bajo... son suspendidos.
    a. una tiranía
    b. denunciar

PARA ENTREGAR EN UNA HOJA APARTE

Actividad 1   Con tus propias palabras
Escribe, con tus propias palabras, las definiciones de las siguientes palabras.

MODELO: la democracia →
Es el tipo de gobierno en el cual se eligen los mandatarios en elecciones libres y abiertas.

1. la tiranía
2. el bien común
3. los derechos personales
4. los derechos humanos
5. las manifestaciones políticas
6. la igualdad
7. los privilegios
8. la independencia
9. denunciar

Actividad 2   Tus experiencias
Escribe oraciones con cada una de las siguientes palabras. En las oraciones, debes expresar algo relacionado con tus propias experiencias o las de tus amigos y familia.

MODELO: la independencia →
Durante mi primer año de vida independiente de mis padres, aprendí mucho. La independencia personal lleva consigo muchas responsabilidades.

1. arriesgar
2. los privilegios
3. el bien común
4. los derechos humanos
5. las manifestaciones políticas
6. la igualdad

Actividad 3 ¿En qué se diferencian?

Expresa, con tus propias palabras, las diferencias entre cada par de palabras.

> MODELO: los derechos personales, la igualdad →
> Los derechos personales se refieren a la libertad y la autonomía; la igualdad es el principio que dice que todos los ciudadanos tienen los mismos derechos.

1. los privilegios, los derechos legales
2. la tiranía, los derechos humanos
3. la tiranía, el bien común
4. la igualdad, los privilegios

Actividad 4 ¿Qué tienen en común?

Expresa, con tus propias palabras, las semejanzas entre cada par de palabras.

> MODELO: los derechos personales, la independencia →
> La independencia es el derecho de elegir la propia conducta.

1. el bien común, los derechos legales _____

   _____

   _____

2. la libertad, las manifestaciones políticas _____

   _____

   _____

3. los privilegios, la tiranía _____

   _____

   _____

4. arriesgar, los derechos humanos _____

   _____

   _____

Gramática

Review of the Conditional

Forms
Review the forms of the conditional tense in **Lección 8.**

Functions
To express hypothetical actions or situations that correspond to the meaning of *would* in English

> **Iría** contigo, pero no puedo.   *I would go with you, but I can't.*

⚲ PARA ESCUCHAR

Práctica 1   ¿Algo que haría o que hacía?

Indica si cada una de las oraciones que escuches está escrita en el condicional (algo que haría) o en el imperfecto (algo que hacía).

	ALGO QUE HARÍA	ALGO QUE HACÍA
1.	❑	❑
2.	❑	❑
3.	❑	❑
4.	❑	❑
5.	❑	❑
6.	❑	❑
7.	❑	❑
8.	❑	❑
9.	❑	❑
10.	❑	❑

Práctica 2   ¿Futuro o condicional?

Vas a escuchar una serie de oraciones. Indica si cada una está escrita en el futuro o el condicional. Presta atención a las diferencias entre el futuro y el condicional.

	FUTURO	CONDICIONAL
1.	❑	❑
2.	❑	❑
3.	❑	❑
4.	❑	❑
5.	❑	❑
6.	❑	❑
7.	❑	❑
8.	❑	❑
9.	❑	❑
10.	❑	❑

Práctica 3   ¿Probable o improbable?

Indica si lo que se expresa en cada una de las oraciones que escuches es probable o improbable, según el contexto.

	PROBABLE	IMPROBABLE
1.	❑	❑
2.	❑	❑
3.	❑	❑
4.	❑	❑
5.	❑	❑
6.	❑	❑
7.	❑	❑
8.	❑	❑
9.	❑	❑
10.	❑	❑

*PARA ESCRIBIR

Práctica 1   ¿Qué harían?

Si pudieras (*you could*) hablar con las siguientes personas famosas del pasado, ¿qué dirían de su futuro? Primero, empareja cada persona o grupo de personas con la oración correspondiente a la derecha. Luego, escribe la forma correcta del condicional de cada uno de los verbos entre paréntesis.

1. ____ Los reyes Fernando e Isabel

2. ____ Abraham Lincoln

3. ____ Martin Luther King, Jr.

4. ____ Fidel Castro

5. ____ Karl Marx

6. ____ George Washington

7. ____ Los sandinistas de Nicaragua

8. ____ Los indígenas de Chiapas, México

a. (crear) _____ una filosofía social que se llama comunismo para ayudar a los trabajadores.

b. (exigir) _____ al gobierno nacional más servicios y más derechos.

c. (vencer) _____ a los moros en nombre del catolicismo.

d. (rechazar) _____ la monarquía de Inglaterra a favor de un gobierno nuevo sin monarcas.

e. (luchar) _____ a favor de un sistema socialista en Centroamérica.

f. (intentar) _____ modificar las leyes para darles más oportunidades a los negros y a todos los grupos minoritarios de los Estados Unidos.

g. (liberar) _____ a los esclavos después de una guerra civil.

h. (establecer) _____ un gobierno comunista revolucionario en Cuba.

Práctica 2   ¿Qué te atreverías a (*would you dare*) hacer?

Completa las siguientes oraciones con la forma correcta del condicional de cada uno de los verbos entre paréntesis. Luego marca **sí** o **no** para indicar si tú lo harías. ¿Crees que tus compañeros de clase harían las mismas cosas que tú? **¡OJO!** Algunos verbos son irregulares.

		SÍ	NO
1.	Yo (venir) _____ a la clase de español vestido/a como un personaje famoso de la historia de España.	❑	❑
2.	Yo (tener) _____ una cita a ciegas (*blind date*) con una persona sin saber nada de él/ella.	❑	❑
3.	Yo (comer) _____ los sesos (*brains*) de un animal.	❑	❑
4.	Yo (meter) _____ la cabeza dentro de la boca de un león amaestrado.	❑	❑
5.	Yo (montar) _____ un elefante durante mis vacaciones en Asia.	❑	❑
6.	Yo (bailar) _____ en el centro de la calle por un dólar.	❑	❑
7.	Yo (hacer) _____ una fiesta en la casa de amigos que salieron de la ciudad por el fin de semana.	❑	❑
8.	Yo (tomar) _____ una bebida sin saber lo que contenía.	❑	❑

PARA ENTREGAR EN UNA HOJA APARTE

Actividad 1   ¿Qué harías?

Para la Actividad C en la página 196 del libro de texto, los miembros de la clase prepararon un perfil de lo que han hecho por la libertad. Revisa los resultados de esta actividad y piensa en algo más que harías por la libertad.

Paso 1   Ahora, basándote en esos perfiles, compara y contrasta lo que tú harías con lo que haría tu compañero/a.

Paso 2   Compara y contrasta tu propio perfil con los de la clase. ¿Cuáles de tus acciones se parecen a las del resto de la clase? ¿Cuáles de tus acciones son diferentes? Como resultado, ¿te consideras un estudiante típico, o no?

Actividad 2   ¿Qué pensabas?

Antes de empezar los estudios universitarios, ¿qué pensabas que harías en el futuro? ¿Qué pensabas que no harías? Escribe por lo menos seis oraciones usando el condicional, siguiendo el modelo a continuación.

MODELO: Antes de empezar los estudios universitarios, yo no pensaba que estudiaría español.

Actividad 3   ¿Qué harías?

En esta unidad estás estudiando la libertad y la falta de libertad. ¿Qué harías si te encontraras (*you found yourself*) en el caso de que alguien te discriminara (*were to discriminate*) por razones religiosas? ¿por motivos raciales? ¿por tu inclinación sexual? ¿por otra razón? Completa la oración ocho veces, describiendo lo que harías en diferentes situaciones. Usa el condicional.

MODELO: Si alguien me discriminara por razones religiosas, yo *llamaría* a la American Civil Liberties Union.

Si alguien me discriminara por razones...

Ideas para explorar *La violación de las libertades*

Vocabulario

Vocabulario del tema	Definición	Contexto	Otras formas de la palabra
VERBOS			
autorizar	aprobar; dar autoridad para hacer alguna cosa	La Secretaría de Educación autorizó la publicación de ese libro.	autoridad (*f.*) autorización (*f.*) autorizado/a
censurar	reprobar o criticar la conducta o costumbres de los demás; examen que hace un gobierno de una noticia o una obra de arte antes de permitir su difusión	En 1952 se censuró *El guardián entre el centeno,* de J.D. Salinger, por causa de una sola palabra contenida en la novela.	censor (*m.*) censura censurado/a
rechazar	separarse de algo o alguien; contradecir lo que otro expresa	Durante los años 60, muchos estadounidenses rechazaron la guerra de Vietnam.	rechazo rechazado/a
reprobar	censurar o desaprobar algo por razones morales	¿Quién tiene la autoridad moral para reprobar una obra de arte?	reprobación (*f.*) reprobado/a reprobador(a)
SUSTANTIVOS			
la desnudez	condición de estar completamente desvestido, sin ropa	Hay quien piensa que la desnudez en la televisión es escandalosa; otros piensan que es natural.	desnudar desnudo desnudo/a
la iglesia	lugar donde se celebra el culto cristiano; comunidad formada por personas que profesan la misma doctrina	La Iglesia Católica ha influido en la vida religiosa y política del mundo desde hace muchos siglos.	eclesiástico/a

Vocabulario del tema	Definición	Contexto	Otras formas de la palabra
la libertad de expresión artística	facultad de un artista de expresarse de cualquier manera, sin prohibiciones, siempre y cuando no se oponga a las leyes	Sin la libertad de expresión artística, Miguel Ángel no habría terminado muchas de sus obras.	expresar arte (*m.*) artista (*m., f.*)
la libertad de palabra	prerrogativa; privilegio o derecho de expresar ideas y opiniones propias sin ser condenado por ello	No hay democracia sin libertad de palabra.	palabrear palabrería apalabrado/a
la libertad de prensa	derecho de escribir y publicar cualquier opinión sin censura	La libertad de prensa es el derecho fundamental de todo periodista.	prensar prensado/a
los principios morales	normas de conducta basadas en la clasificación de los actos humanos en buenos y malos	Los principios morales son dictados por la sociedad para determinar el comportamiento de los individuos.	moralizar moralismo moralista (*m., f.; adj.*)
los principios religiosos	preceptos relativos a las creencias o los dogmas de una religión	Hay principios religiosos que son comunes a los musulmanes y los cristianos.	religión (*f.*) religiosidad (*f.*)
los principios sociales	normas sobre la conducta que debe observar el individuo en sus relaciones con los demás	Los principios sociales cambian de cultura a cultura.	socializar socialismo sociedad (*f.*) sociable (*adj.*) social (*adj.*) socialista (*adj.*)
FRASES PREPOSICIONALES			
a través de	pasando de un lado a otro; por medio de	Las emociones se expresan a través de nuestro comportamiento.	atravesar
por parte de	por lo que respecta a alguien	Hubo manifestaciones en contra de la guerra con Irak por parte de ciudadanos de todo el mundo.	partir

Práctica 1 Palabras clave

Escucha las palabras del vocabulario y sus definiciones para familiarizarte con la pronunciación del vocabulario. Para cada palabra, escoge dos palabras o frases clave que te ayuden a recordar su significado. Vas a oír las definiciones dos veces.

> MODELO: (ves)   autorizar
> (oyes)   Aprobar, dar autoridad para hacer alguna cosa.
> (escribes)   **a.** aprobar   **b.** dar autoridad

1. censurar   a. _____   b. _____

2. rechazar   a. _____   b. _____

3. reprobar   a. _____   b. _____

4. la desnudez   a. _____   b. _____

5. la iglesia   a. _____   b. _____

6. la libertad de expresión artística   a. _____   b. _____

7. la libertad de palabra   a. _____   b. _____

8. la libertad de prensa   a. _____   b. _____

9. los principios morales   a. _____   b. _____

10. los principios religiosos   a. _____   b. _____

11. los principios sociales   a. _____   b. _____

12. a través de   a. _____   b. _____

13. por parte de   a. _____   b. _____

Práctica 2 Asociaciones

Vas a escuchar unas palabras. Escoge de la siguiente lista la palabra o frase que se asocie mejor con las palabras que escuches.

1. **a.** la libertad de palabra   **b.** los principios morales
2. **a.** la libertad de expresión artística **b.** la libertad de prensa
3. **a.** la iglesia   **b.** la desnudez
4. **a.** reprobar   **b.** la desnudez
5. **a.** autorizar   **b.** reprobar
6. **a.** rechazar   **b.** la iglesia
7. **a.** los principios sociales   **b.** autorizar
8. **a.** los principios religiosos   **b.** los principios sociales
9. **a.** la libertad de expresión artística **b.** los principios morales
10. **a.** los principios religiosos   **b.** la libertad de prensa
11. **a.** por parte de   **b.** a través de
12. **a.** a través de   **b.** por parte de
13. **a.** autorizar   **b.** rechazar
14. **a.** censurar   **b.** autorizar

Práctica 3 Definiciones

Vas a escuchar una serie de definiciones. Escoge la palabra o frase que corresponda a cada definición.

1. **a.** la desnudez **b.** los principios morales **c.** la libertad de expresión artística

2. **a.** autorizar **b.** la libertad de prensa **c.** reprobar
3. **a.** censurar b reprobar **c.** autorizar
4. **a.** los principios religiosos **b.** reprobar **c.** la libertad de prensa
5. **a.** por parte de **b.** los principios sociales **c.** la libertad de palabra
6. **a.** la libertad de prensa **b.** la libertad de expresión artística **c.** la libertad de palabra

7. **a.** la iglesia **b.** la libertad de palabra **c.** los principios sociales
8. **a.** los principios religiosos **b.** los principios sociales **c.** la libertad de palabra
9. **a.** a través de **b.** los principios morales **c.** la desnudez
10. **a.** censurar **b.** autorizar **c.** reprobar
11. **a.** la desnudez **b.** los principios sociales **c.** la iglesia
12. **a.** a través de **b.** reprobar **c.** por parte de
13. **a.** a través de **b.** por parte de **c.** la desnudez
14. **a.** autorizar **b.** por parte de **c.** rechazar

*PARA ESCRIBIR

Práctica 1 Situaciones

Empareja cada una de las situaciones con la conclusión más lógica.

1. _____ Carla dejó de asistir a la iglesia de su juventud cuando el ministro rechazó a una pareja homosexual.

2. _____ Julio asistió a la conferencia de mesa en que se compararon ideas cristianas, judías y musulmanes.

3. _____ Bajo la tiranía de ese gobierno, los ciudadanos tenían información incompleta o a veces falsa en cuanto a los sucesos mundiales.

4. _____ Los naturistas opinan que no es la responsabilidad del individuo justificar sus libertades personales.

5. _____ Bárbara es activista y lucha por el bienestar de los niños y la seguridad médica, alimenticia y hogareña de sus familias.

a. No existía la libertad de prensa.

b. No estaba de acuerdo con sus principios morales.

c. Muchos se sorprendieron de las semejanzas entre sus principios religiosos.

d. Si el gobierno se opone a la desnudez, tiene que justificar esa restricción a la libertad personal.

e. Siempre está pensando en los principios sociales.

Práctica 2 Contextos

Escoge la palabra que complete mejor el sentido de cada una de las oraciones.

1. Es importante infundirles... a los niños desde pequeños para que sepan distinguir entre el bien y el mal.
   a. a través de **b.** los principios morales

2. Los gobiernos tiránicos impiden... controlando la información que se le presenta al público por medio de los periódicos y los noticieros.
   a. la libertad de prensa **b.** la desnudez

3. ...nos garantiza el derecho de expresar nuestras opiniones sin restricciones.
   a. Los principios sociales **b.** La libertad de palabra

4. Los artistas que viven y trabajan bajo una dictadura no tienen...
   a. libertad de expresión artística. **b.** principios religiosos.

5. Hoy día se ve más... y sexualidad en las películas y programas televisivos.
   a. principios morales   b. desnudez

6. La música de Eminem... por organizaciones de vigilancia porque la letra de sus canciones es ofensiva.
   a. es autorizada   b. es reprobada

7. Por fin, el presidente... la legislación para la economía que el Congreso le había presentado hace tres meses.
   a. autorizó   b. censuró

8. ...gobierno federal, la cuestión del derecho de fumar en sitios públicos es asunto de cada estado.
   a. Por parte del   b. A través del

9. El descontento con respecto al gobierno de la nación ha estado aumentando... muchos años.
   a. por parte de   b. a través de

10. Los grupos que... la separación entre la iglesia y el gobierno quieren aprobar el uso de vales en las escuelas para que los padres puedan escoger el tipo de escuela, o pública o privada o religiosa, a la que asistirán sus hijos.
    a. censuran   b. rechazan

11. Las novelas de Henry Miller... por el gobierno en los años 50 porque se consideraban contra los principios morales.
    a. fueron censuradas   b. fueron apoyadas

12. La Reforma fue una reacción de los protestantes contra la autoridad de... católica.
    a. la Iglesia   b. la desnudez

13. Es necesario atenerse a ciertos... para no ofender a las personas con quienes uno se relaciona.
    a. principios sociales   b. principios religiosos

14. Una de las metas principales cuando se fundaron los Estados Unidos era mantener separados... y la política.
    a. la libertad de palabra   b. los principios religiosos

PARA ENTREGAR EN UNA HOJA APARTE

Actividad 1   Con tus propias palabras
Escribe, con tus propias palabras, las definiciones de las siguientes palabras y frases.

> MODELO: libertad de palabra →
> Es el derecho de expresar tus opiniones sin ser censurado.

1. principios morales
2. principios sociales
3. censurar
4. rechazar
5. reprobar

Actividad 2   ¿Qué tienen en común?
Expresa, con tus propias palabras, las semejanzas entre cada par de palabras.

> MODELO: reprobar y rechazar →
> Las dos palabras expresan reacciones negativas. *Reprobar* quiere decir desaprobar enérgicamente o censurar; *rechazar* significa repudiar o refutar.

1. autorizar y reprobar
2. libertad de prensa y difundir opiniones
3. principios religiosos y autorizar
4. desnudez y libertad de expresión artística

Actividad 3 ¿En qué se diferencian?

Expresa, con tus propias palabras, las diferencias entre cada par de palabras.

MODELO: libertad de prensa y censura →
La libertad de prensa significa que los medios de comunicación tienen derecho de expresar sus opiniones sin la previa aprobación de cualquier autoridad; la censura significa lo opuesto.

1. principios religiosos y libertad de expresión artística
2. principios morales y principios religiosos
3. libertad de palabra y reprobar

Actividad 4 ¿Estás de acuerdo?

Indica si estás de acuerdo o no con las ideas expresadas en cada oración. Luego, explica tus razones.

1. La aprobación de la desnudez en el arte varía mucho de país a país, de cultura a cultura, de un individuo a otro.
2. Si la constitución de un país separa el Estado de la Iglesia, los principios religiosos no deben ser objeto de discusiones políticas.
3. Como los principios religiosos rigen una teocracia, no se admite la libertad de cultos (worship).
4. Una persona puede ser moral sin ser religiosa.
5. La libertad de prensa y la de expresión artística son más importantes en una sociedad que la libertad de palabra.

Gramática

Subjunctive of Interdependence (Adverbial Conjunctions)

Forms

You have already studied both regular and irregular forms of the present subjunctive. Here are some adverbial conjunctions that always require the subjunctive in the clause that follows them.

ADVERBIAL CONJUNCTIONS OF PURPOSE			
a fin de que	so that	para que	in order that

ADVERBIAL CONJUNCTIONS OF CONDITION			
a condición de que	provided that	con tal (de) que	provided that
a menos que	unless	siempre que	provided that

ADVERBIAL CONJUNCTIONS OF ANTICIPATION			
antes (de) que	before	sin que	without

The following conjunctions can be followed by the indicative or the subjunctive.

ADVERBIAL CONJUNCTIONS OF TIME AND PLACE			
cuando	when	hasta que	until
después (de) que	after	mientras (que)	while
donde	where	tan pronto (como)	as soon as
en cuanto	as soon as		

ADVERBIAL CONJUNCTIONS OF MANNER			
como	how, however	de modo que	in such a way that
de manera que	in such a way that		

ADVERBIAL CONJUNCTIONS OF CONCESSION			
a pesar de que	in spite of, despite (the fact that)	aunque	although, even if, even though
aun cuando	even when, even if		

Functions

To indicate interdependence among sentence elements; to express the conditions under which an event will take place

> No es malo que los niños vean la televisión, **con tal de que los padres vean** los programas con ellos y les **hablen** de los temas.

> Los padres deben limitar el tiempo que los niños ven la televisión **para que no se les forme** el hábito de ver la televisión demasiado.

To express an event or situation that is hypothetical or has not yet occurred.

> La manifestación política empezará en el ayuntamiento **tan pronto como lleguen** Silvia y Jaime.

> Vamos a distribuir tantos folletos **como podamos.**

The indicative mood is used if the event or situation is real and/or already exists or existed in the past.

> La manifestación política empezó en el ayuntamiento **tan pronto como llegaron** Silvia y Jaime.

> Siempre distribuimos tantos folletos **como podemos.**

PARA ESCUCHAR

Estrategia para escuchar

In previous lessons, you listened for the vowel in the last syllable of verbs to distinguish between indicative and subjunctive. In this set of activities, the difference between subjunctive and indicative is again signaled by the vowel in the last syllable, but there are two clauses that each contain at least one conjugated verb. You will have to listen to the ending of the verb that follows the adverbial conjunction, not the verb in the main clause.

Main clause	Adverbial conjunction	Subordinate clause
Habrá una celebración	en cuanto	**llegue** la delegación de Costa Rica.

There will be a celebration as soon as the delegation from Costa Rica arrives.

The order of the clauses is flexible, so you will have to pay attention to the adverbial conjunction and the verb that follows, not necessarily the second verb.

Adverbial conjunction	Subordinate clause	Main clause
Hasta que	**haya** otros recursos económicos,	dependeremos del petróleo.

Until there are other economic resources, we will depend on petroleum.

Práctica 1 ¿Interdependencia o no?

Yolanda y Ana son compañeras de cuarto. Hablan de algunos aspectos de su vida. Indica si hay interdependencia entre las dos situaciones o eventos que se mencionan en cada oración.

> MODELO: (oyes) Vamos a almorzar en cuanto lleguemos a casa.
> (escoges) No interdependencia ☐   Interdependencia ☑

	NO INTERDEPENDENCIA	INTERDEPENDENCIA		NO INTERDEPENDENCIA	INTERDEPENDENCIA
1.	☐	☐	5.	☐	☐
2.	☐	☐	6.	☐	☐
3.	☐	☐	7.	☐	☐
4.	☐	☐	8.	☐	☐

Práctica 2 ¿Indicativo o subjuntivo?

Indica si la forma del verbo en cada una de las oraciones que escuches está en el indicativo o en el subjuntivo según el contexto. Presta atención al uso de las conjunciones adverbiales.

	INDICATIVO	SUBJUNTIVO		INDICATIVO	SUBJUNTIVO
1.	❏	❏	**6.**	❏	❏
2.	❏	❏	**7.**	❏	❏
3.	❏	❏	**8.**	❏	❏
4.	❏	❏	**9.**	❏	❏
5.	❏	❏	**10.**	❏	❏

*PARA ESCRIBIR

Práctica 1 Oraciones

Escoge la conjunción adverbial que complete el sentido de la oración lógicamente.

1. Como sus padres se preocupan mucho, Juana les llamará... llegue a Lima.
   a. tan pronto como   **b.** a menos que

2. Los hijos pueden ver la televisión por una hora... terminen la tarea.
   a. con tal de que   **b.** donde

3. Luis viajará a Australia... se gradúe de la universidad.
   a. hasta que   **b.** después de que

4. El avión no puede salir... reciba autorización del controlador de tráfico para despegar.
   a. hasta que   **b.** a fin de que

5. Se va a cancelar la temporada de béisbol... los propietarios de los equipos y el sindicato de jugadores lleguen a un acuerdo.
   a. con tal de que   **b.** a menos que

6. El gobierno clasifica las películas con avisos... los padres sepan el contenido del argumento.
   a. ahora que   **b.** para que

7. Siempre voy a una obra de teatro... estoy en la ciudad de Nueva York.
   a. a pesar de que   **b.** cuando

8. ...dure la recesión el público gastará menos dinero.
   a. Mientras que   **b.** Sin que

9. Roberto va a dejar el número de teléfono del hotel con su secretaria mientras está de vacaciones... ella necesite ponerse en contacto con él.
   a. en cuanto   **b.** en caso de que

10. ...tengo trabajo puedo dejar de vivir con mis padres y alquilar un piso.
    a. De manera que   **b.** Ahora que

11. Los padres de Eduardo dicen que él puede pasar el verano en Alaska... él saque sobresaliente en todas sus clases.
    a. a condición de que   **b.** aunque

12. Guillermo no lleva casco cuando monta en motocicleta... se pueda matar algún día.
    a. tan pronto como   **b.** a pesar de que

13. Antonia fue al hospital... se enteró del accidente.
    a. siempre que   **b.** tan pronto como

14. ...me he graduado de la universidad tendré que buscar trabajo.
    a. Ahora que   **b.** Para que

15. María tendrá que mudarse a la casa de sus padres... encuentre una compañera con quien compartir el alquiler.
    a. a menos que   b. como

16. Durante el verano Julia se levantaba todos los días a las seis de la mañana... no tenía que trabajar.
    a. donde   b. aun cuando

17. Enrique y David quieren comprar sus libros para las clases... comience el semestre.
    a. antes de que   b. puesto que

18. Mi mamá siempre me obligaba a comer las legumbres... no me gustaban.
    a. antes de que   b. aunque

19. Me da igual. Podemos comer... quieras.
    a. donde   b. después de que

20. Mis padres me permiten ver cualquier película que quiera... muestre imágenes muy violentas.
    a. salvo que   b. con tal de que

Practica 2   ¿Subjuntivo o indicativo?

Escribe la forma correcta del verbo entre paréntesis en cada espacio en blanco.

1. Los productores crean programas televisivos de modo que (atraer) _____ el mayor número posible de televidentes.

2. Algunos psicólogos dicen que la violencia en los dibujos animados no es dañina con tal de que los padres les (explicar) _____ a los niños la diferencia entre la fantasía y la realidad.

3. Puesto que nuestra cultura (depender) _____ tanto de la televisión, es inútil luchar contra su influencia.

4. Antes de que (ocurrir) _____ cambios en la programación actual, primero tendrá que haber un cambio en la actitud del público.

5. Mientras que muchas personas (mirar) _____ los deportes, otras prefieren mirar cualquier otra cosa.

6. Aunque no lo (querer) _____, mucha gente recibe por cable canales que considera absurdos.

7. Las comedias casi siempre ganan la atención de la mayoría del público a menos que (presentarse) _____ un programa extraordinario a la misma hora.

8. Algunos canales repiten ciertos programas para que todo el mundo (tener) _____ la oportunidad de verlos.

9. Muchas compañías harán cambios drásticos cuando el gobierno (decidir) _____ el caso de enviar vídeos por líneas telefónicas.

10. A pesar de que nosotros (desear) _____ programas que no perpetúen los prejuicios, todavía hay muchos estereotipos negativos en la televisión.

PARA ENTREGAR EN UNA HOJA APARTE

Actividad ¿Optimista o pesimista?

Lee las declaraciones optimistas del autor de este libro. Luego, usa las conjunciones adverbiales de la lista y el subjuntivo para reescribir las declaraciones describiendo las condiciones en que pueden ocurrir.

a condición de que   salvo que

a menos que   sin que

con tal de que

> MODELO: Pronto habrá una cura para el cáncer. →
> Habrá una cura para el cáncer a condición de que *haya* suficiente dinero para la investigación.

1. No habrá más desempleo.
2. No habrá más crímenes en las ciudades grandes.
3. Toda la gente del mundo tendrá suficiente comida.
4. Los niños recibirán una buena educación.
5. No habrá más guerras religiosas.
6. Habrá igualdad de oportunidades para todos.
7. Los industriales descubrirán maneras de producir sin contaminar el planeta.
8. Todos los políticos serán honestos.
9. Los homosexuales obtendrán los derechos civiles.
10. La automatización eliminará los trabajos hechos por los seres humanos.

LECCIÓN 10 Las libertades personales y las responsabilidades sociales

Ideas para explorar ¿Qué es el sexismo?

Vocabulario

Vocabulario del tema	Definición	Contexto	Otras formas de la palabra
VERBOS			
acusar	denunciar; atribuir a alguien un delito o falta	A O.J. Simpson lo acusaron de matar a su esposa, pero no pudieron condenarlo.	acusación (f.) acusado/a acusador(a) (adj.) acusatorio/a
despreciar	tener en poca estima a una persona	El desprecio de la gente pobre es una conducta aprendida y reprobable.	desprecio despreciado/a
desprestigiar	quitar la buena reputación; desacreditar	El arresto del diputado ha desprestigiado su carrera política.	desprestigio desprestigiado/a
discriminar	dar trato de inferioridad a una persona o colectividad por motivos raciales, sexuales, políticos, religiosos, etcétera	Hay personas que discriminan a la gente gorda.	discriminación (f.) discriminado/a discriminadamente (adv.)
ofender	dañar; herir los sentimientos de una persona	El estudiante ofendió al profesor al usar la forma personal «tú» en vez de «usted».	ofensor(a) (m., f.) ofensa ofendido/a (adj.) ofensivo/a (adj.) ofensivamente (adv.)
suprimir	hacer cesar; hacer desaparecer	Las dictaduras suprimen los derechos humanos de los individuos.	supresión (f.) suprimible (adj.) suprimido/a (adj.)

Vocabulario del tema	Definición	Contexto	Otras formas de la palabra
SUSTANTIVOS			
la actitud discriminatoria	disposición mental que separa a las personas por varios motivos; por ejemplo: raza, religión, sexo, etcétera	Todavía en el siglo XXI existen actitudes discriminatorias por parte de grupos como el KKK.	actuar discriminar discriminación (f.)
los crímenes por odio	actos ilegales motivados por el odio	El asesinato del joven por causa de su orientación sexual fue uno de los crímenes por odio más comentados en los periódicos.	odiar criminal (m., f.)
los delitos	crímenes; acciones contrarias a la ley	Algunos adolescentes cometen delitos para llamar la atención.	delincuencia
la desigualdad	relación que se basa en la superioridad de una cosa y la inferioridad de otra; falta de igualdad	La desigualdad entre las clases sociales está todavía muy marcada en algunos países del mundo.	desigualar desigual (adj.)
el fanatismo	apasionamiento excesivo e intolerante con que una persona defiende creencias u opiniones, sobre todo religiosas o políticas	Se dice que el fanatismo suele conducir a actitudes discriminatorias.	fanatizar fanático/a
la injusticia	acción que ignora la justicia y equidad de los seres humanos	Es importante luchar contra la injusticia en todas las sociedades del mundo.	injustificable (adj.) injusto/a injustamente (adv.)
la intolerancia	falta de respeto o consideración hacia las opiniones o prácticas de otros por ser diferentes de los demás	La lucha en favor de la libertad debe incluir la lucha contra la intolerancia sexual, étnica, política o religiosa.	intolerable (adj.) intolerante (adj.)
el sexismo	discriminación de una persona por causa de su sexo	El sexismo es una de las formas de discriminación más comunes en todas las sociedades.	sexo sexista (adj.) sexual (adj.)

☊ *PARA ESCUCHAR

Práctica 1 Palabras clave

Escucha las palabras del vocabulario y sus definiciones para familiarizarte con la pronunciación del vocabulario. Para cada palabra, escoge dos palabras o frases clave que te ayuden a recordar su significado. Vas a oír las definiciones dos veces.

> MODELO: (ves) ofender
> (oyes) Dañar; herir los sentimientos de una persona.
> (escribes) **a.** dañar **b.** herir los sentimientos

1. acusar a. _____ b. _____

2. despreciar a. _____ b. _____

3. desprestigiar a. _____ b. _____

4. discriminar a. _____ b. _____

5. suprimir a. _____ b. _____

6. la actitud discriminatoria a. _____ b. _____

7. los crímenes por odio a. _____ b. _____

8. los delitos a. _____ b. _____

9. la desigualdad a. _____ b. _____

10. el fanatismo a. _____ b. _____

11. la injusticia a. _____ b. _____

12. la intolerancia a. _____ b. _____

13. el sexismo a. _____ b. _____

Práctica 2 Asociaciones

Vas a escuchar unas palabras. Escoge de la siguiente lista la palabra o frase que se asocie mejor con las palabras que escuches.

1. **a.** los delitos **b.** el sexismo
2. **a.** desprestigiar **b.** suprimir
3. **a.** acusar **b.** despreciar
4. **a.** suprimir **b.** ofender
5. **a.** discriminar **b.** ofender
6. **a.** el fanatismo **b.** la desigualdad
7. **a.** la actitud discriminatoria **b.** la injusticia
8. **a.** la injusticia **b.** la intolerancia
9. **a.** la desigualdad **b.** el sexismo
10. **a.** despreciar **b.** suprimir
11. **a.** los delitos **b.** la intolerancia
12. **a.** los crímenes por odio **b.** la intolerancia
13. **a.** desprestigiar **b.** acusar
14. **a.** los crímenes por odio **b.** el fanatismo

Práctica 3   Definiciones

Vas a escuchar una serie de definiciones. Escoge la palabra que corresponda a cada definición.

1.	a. acusar	b. desprestigiar	c. suprimir
2.	a. la intolerancia	b. la desigualdad	c. ofender
3.	a. la actitud discriminatoria	b. la injusticia	c. la desigualdad
4.	a. la actitud discriminatoria	b. ofender	c. discriminar
5.	a. la desigualdad	b. acusar	c. discriminar
6.	a. los crímenes por odio	b. el sexismo	c. la injusticia
7.	a. discriminar	b. acusar	c. desprestigiar
8.	a. el fanatismo	b. los crímenes por odio	c. la desigualdad
9.	a. el fanatismo	b. la intolerancia	c. los delitos
10.	a. suprimir	b. despreciar	c. el sexismo
11.	a. la intolerancia	b. la actitud discriminatoria	c. la injusticia
12.	a. la injusticia	b. el sexismo	c. el fanatismo
13.	a. suprimir	b. ofender	c. despreciar
14.	a. la intolerancia	b. los delitos	c. la desigualdad

*PARA ESCRIBIR

Práctica 1   Situaciones

Empareja cada una de las situaciones con la conclusión más lógica.

1. ____ Marcos le dijo a su ex novia que era aburrida y egoísta.

2. ____ El director les dijo que no podían tener ningún tipo de foto ni arte en su escritorio.

3. ____ A Luis no le gusta para nada la gente de ese pueblo. Dice que son estúpidos.

4. ____ Es evidente que el asesinato de Paula fue un crimen de odio.

5. ____ El fanatismo de ese grupo me da miedo.

a. Quería suprimir cualquier expresión personal en la oficina.

b. Los desprecia a todos.

c. El hombre que acusaron abiertamente desprecia a las lesbianas.

d. Ya han cometido varios delitos como pintar mensajes de intolerancia en las casas de varias familias.

e. Quería ofenderla.

Práctica 2   Contextos

Escoge la palabra o frase que complete mejor el sentido de cada una de las oraciones.

1. En el pasado, había... contra las mujeres en el trabajo porque éstas eran consideradas intelectualmente inferiores a los hombres.
   a. ofensas   b. discriminación

2. Me... que mi mejor amiga, Carla, fuera con unas amigas al cine sin invitarme.
   a. ofendió   b. suprimió

3. Muchos estadounidenses se oponen a los métodos utilizados por la policía para identificar a los acusados de un crimen porque muestran... hacia ciertos grupos étnicos.
   a. el sexismo   b. una actitud discriminatoria

4. El propósito del movimiento por los derechos civiles en los años sesenta era acabar con... que había entre las diferentes razas.
   a. el fanatismo   b. la desigualdad

5. Durante la Inquisición española, los judíos que no se convirtieron al catolicismo fueron... de herejía y expulsados del país.
   a. acusados   b. discriminados

6. El propósito de la Inquisición española era... cualquier idea o creencia que debilitaba la fe católica.
   a. los delitos   b. suprimir

7. El sistema judicial del mundo occidental postula que una persona culpable de... debe ser castigada por sus acciones.
   a. un delito   b. la intolerancia

8. ...religioso favorecido por los Reyes Católicos fue la causa de la Inquisición española.
   a. El fanatismo   b. El sexismo

9. Para ganar un juicio, los abogados necesitan... a los testigos que presenta la oposición.
   a. desprestigiar   b. ofender

10. La muerte de Matthew Sheppard, quien era homosexual, fue catalogada... por el FBI.
    a. una injusticia   b. un crimen por odio

11. ...hacia los que son diferentes de uno es la causa principal de los conflictos violentos en el mundo.
    a. La intolerancia   b. Desprestigiar

12. ...a las personas que no muestran tolerancia hacia los demás.
    a. Acuso   b. Desprecio

13. La lucha por los derechos civiles incluye la lucha contra..., especialmente en el lugar de trabajo y en las escuelas públicas.
    a. el fanatismo   b. el sexismo

14. Es... que los hombres tengan sueldos más altos que las mujeres simplemente por ser hombres.
    a. una injusticia   b. una intolerancia

PARA ENTREGAR EN UNA HOJA APARTE

Actividad 1   Asociaciones
Escribe dos palabras o frases que asocias con cada palabra. Luego, explica tus razones.

MODELO: el fanatismo → intolerancia, irracionalidad
          Para mí, el fanatismo significa una actitud intolerante y el rechazo de creencias más razonables.

1. los crímenes por odio   4. la intolerancia
2. los delitos   5. suprimir
3. el sexismo   6. desprestigiar

Actividad 2   Con tus propias palabras
Escribe, con tus propias palabras, definiciones para las siguientes palabras y frases.

MODELO: la actitud discriminatoria →
          Para mí la actitud discriminatoria es resultado, en parte, de la falta de imaginación: la incapacidad de imaginar lo que es ser una persona de otra raza, religión, clase, etcétera.

1. los delitos   4. la injusticia
2. despreciar   5. ofender
3. discriminar   6. la desigualdad

Actividad 3 Según tus experiencias...

Indica las experiencias que has tenido con relación a cada uno de los conceptos siguientes. Si no has tenido ninguna, explica por qué crees que no las has tenido.

MODELO: la desigualdad →
No he tenido ninguna experiencia personal con respecto a la desigualdad porque vengo de un pueblo bastante pequeño donde la población es más o menos homogénea.

1. el sexismo
2. el fanatismo
3. la intolerancia
4. una actitud discriminatoria
5. acusar

Gramática

Review of the Subjunctive in Noun Clauses

Forms
Review the forms of the subjunctive in **Lección 4.**

Functions
When an entire clause is the object of the verb, it functions as a noun and is called a noun clause. For example, in the sentence *I prefer that we go to the early show,* the direct object of *prefer* is the entire clause *that we go to the early show.* In Spanish, when the main verb expresses volition, the verb in the noun clause that is its object must be in the subjunctive.

Prefiero que **vayamos** a la primera función.

Here are some verbs that require the subjunctive in noun clauses that are their objects.

desear	pedir	querer
esperar	preferir	recomendar
insistir en	prohibir	sugerir

PARA ESCUCHAR

Práctica 1 ¿Volición o no?
Indica si cada una de las oraciones que escuches expresa volición (subjuntivo) o no (indicativo).

	EXPRESA VOLICIÓN.	NO EXPRESA VOLICIÓN.		EXPRESA VOLICIÓN.	NO EXPRESA VOLICIÓN.
1.	❏	❏	6.	❏	❏
2.	❏	❏	7.	❏	❏
3.	❏	❏	8.	❏	❏
4.	❏	❏	9.	❏	❏
5.	❏	❏	10.	❏	❏

Práctica 2 ¿Subjuntivo o indicativo?
Indica si cada una de las oraciones que escuches está escrita en el subjuntivo o en el indicativo.

	SUBJUNTIVO	INDICATIVO		SUBJUNTIVO	INDICATIVO
1.	❏	❏	6.	❏	❏
2.	❏	❏	7.	❏	❏
3.	❏	❏	8.	❏	❏
4.	❏	❏	9.	❏	❏
5.	❏	❏	10.	❏	❏

*PARA ESCRIBIR

Práctica 1   ¿Volición o no?

Primero, subraya la cláusula nominal en cada una de las oraciones. Luego, indica si la oración expresa volición con el uso del subjuntivo o no.

MODELO: El abogado afirmó <u>que los acusados fueron detenidos por la policía por llevar documentos falsos.</u>
☐   Volición   ☑   No volición

	VOLICIÓN	NO VOLICIÓN
1. La jefa de la prensa pide que los líderes de los partidos opuestos dejen de conducir campañas negativas.	☐	☐
2. Las tribus de indígenas norteamericanos esperan que el gobierno les devuelva las tierras que perdieron.	☐	☐
3. Hitler siempre afirmaba que la raza alemana era superior a las demás razas.	☐	☐
4. Los indígenas de Chiapas quieren que el gobierno mexicano los reconozca como ciudadanos mexicanos con todos los derechos reservados a los otros ciudadanos.	☐	☐
5. Muchos cubanos que han inmigrado a los Estados Unidos dicen que han sido maltratados por la mayoría de los estadounidenses con quienes han tenido contacto.	☐	☐
6. El presidente de la Argentina todavía insiste en que la gente se olvide de las atrocidades del gobierno anterior.	☐	☐
7. Algunos periodistas repiten que varios oficiales del gobierno mexicano consiguieron sus puestos por vía del fraude electoral.	☐	☐
8. Fidel Castro enfatizó que el diálogo entre los Estados Unidos y Cuba es necesario para resolver los problemas entre los dos países.	☐	☐
9. La Iglesia católica pide que las autoridades mexicanas le den una explicación aceptable sobre el asesinato del cardenal Juan Jesús Posadas en 1993.	☐	☐
10. El embajador de Chile espera con anticipación que el gobierno estadounidense anuncie oficialmente los resultados de la investigación sobre los derechos humanos de su país y la inminente inclusión de éste en el Tratado de Libre Comercio (NAFTA).	☐	☐

Práctica 2   En las noticias

Las siguientes declaraciones son de un periódico escrito en español. Completa cada una de las oraciones con la forma correcta del indicativo o del subjuntivo del verbo entre paréntesis.

1. Chicago. Manifestación contra el Servicio de Inmigración y Naturalización. «Los manifestantes piden que el INS no (seguir) _____ realizando redadas ni deportaciones.»

2. La Argentina. Hijo del presidente muere en 'accidente' de helicóptero. «El presidente dijo por su lado, en declaraciones a una radioemisora, que no (tener) _____ sospechas de un atentado criminal, ...»

3. Bolivia. Gobierno boliviano reacciona ante el asesinato de ciudadano boliviano en Nueva Jersey. «La cancillería boliviana tomó cartas en el asunto y pidió a la embajada de los Estados Unidos que (intervenir) _____ a fin de que no solamente se castigue al presunto criminal, sino que también se pague a la familia de la víctima una justa indemnización.»

4. Honduras. Jefe militar recibe sentencia por violación y homicidio de joven estudiante. «El tribunal declaró que (hay) _____ bases suficientes para ratificar la sentencia contra el coronel Ángel Castillo, condenado a seis años y medio por violación y diez años por el homicidio de una estudiante de diecinueve años.»

5. Panamá. Violación del tratado entre Panamá y los Estados Unidos. «El legislador expresó que los Estados Unidos (haber) _____ comenzado a descuidar los bienes, antes de su devolución al gobierno panameño.»

6. Lima, Perú. Ejecutivos acusados de robo capturados en el Brasil. «América Televisión, en un informe desde Curitiba, informó que Figueroa y Neyra (ser) _____ detenidos por la policía brasileña por portar documentos de identificación falsos.»

7. Chicago. Anuncian la demolición de silos abandonados. «Queremos que se nos (confirmar) _____ la fecha de la demolición, qué recursos han sido asignados y qué se va a construir en ese lugar.»

8. Ciudad de Guatemala. Soldado guatemalteco afirma la captura de jefe rebelde. «En una declaración sorpresiva, el militar Ángel Urizar dijo a la prensa que, contrario a los informes del gobierno de Guatemala, el dirigente rebelde Efraín Bámaca Velásquez (ser) _____ capturado con vida por el ejército en 1992.»

Práctica 3 Oraciones
Escoge la forma apropiada del verbo para completar cada una de las oraciones.

1. La universidad no permite que los profesores les... las notas a los estudiantes por correo electrónico.
   a. comunican   **b.** comuniquen

2. Los profesores piden que los alumnos... a clase a tiempo.
   a. llegan   **b.** lleguen

3. Los estudiantes quieren que la universidad les... un día libre para celebrar el Día de la Raza.
   a. da   **b.** dé

4. Se sugiere que cada estudiante... en cinco cursos por semestre.
   a. se matricula   **b.** se matricule

5. No creo que la universidad... el derecho de cobrarles a los estudiantes tanto dinero por la instrucción.
   a. tiene   **b.** tenga

6. Mis amigos esperan que la universidad... el número de créditos requeridos para graduarse.
   a. reduce   **b.** reduzca

7. La universidad insiste en que los estudiantes del primer año... en una residencia en el campus.
   a. viven   **b.** vivan

8. Los administradores saben que el primer año en la universidad... difícil.
   a. es   **b.** sea

9. Es obvio que los deportes... mucho dinero para la universidad.
   a. generan   **b.** generen

10. Yo pienso que las universidades grandes... más especializaciones que las universidades pequeñas.
    a. ofrecen   **b.** ofrezcan

PARA ENTREGAR EN UNA HOJA APARTE

Actividad 1   ¿Qué deben hacer los estudiantes y los profesores?

Escribe cinco cosas que deben hacer los estudiantes para obtener una educación mejor. Luego, escribe cinco cosas que deben hacer los profesores para darles a los estudiantes una educación mejor. Usa una de las expresiones a continuación para empezar cada oración. ¡OJO! Será necesario utilizar el subjuntivo en la cláusula subordinada.

Deseo que	Prefiero que	Recomiendo que
Espero que	Quiero que	Sugiero que
Insisto en que		

> MODELOS: Sugiero que los estudiantes *se concentren* más en aprender y menos en las notas.
> Recomiendo que los profesores *den* más atención individual a cada estudiante.

Actividad 2   ¿Tienes una familia exigente?

¿Qué te prohíben tus padres? ¿Qué te recomiendan que hagas? ¿Qué esperan de ti? Haz una lista de ocho oraciones con las reglas o prohibiciones que te impone tu familia. Si tú eres padre o madre, haz una lista de lo que les impones a tus hijos.

> MODELO: Mis padres insisten en que yo *vuelva* a casa antes de la medianoche.

Actividad 3   Para eliminar la discriminación sexual

En la clase, Uds. han hablado mucho de la discriminación sexual. ¿Qué recomiendas que se haga para eliminar esa discriminación? Escribe por lo menos ocho recomendaciones. Usa una de las expresiones de la Actividad 1 para empezar cada oración. ¡OJO! Será necesario usar el subjuntivo en la cláusula subordinada.

> MODELO: Recomiendo que todos los niños *se informen* en la escuela sobre la discriminación sexual.

Actividad 4   Las recomendaciones

Escoge uno o más de los temas de esta unidad y escribe ocho recomendaciones para evitar los problemas asociados con cada uno. Los temas son: la libertad, la censura, la iglesia y la política, el sexismo, el racismo y los derechos humanos. Usa una de las expresiones a continuación para empezar cada oración. Usa el subjuntivo en las cláusulas subordinadas.

deseo que	prefiero que	recomiendo que
espero que	quiero que	sugiero que
insisto en que	aconsejo que	

Ideas para explorar *El racismo*

Vocabulario

Vocabulario del tema	Definición	Contexto	Otras formas de la palabra
VERBOS			
cesar	dejar de hacer algo	Para que haya paz, es necesario que cesen los actos terroristas.	cese (*m.*) cesación (*f.*) cesado/a
condenar	desaprobar o reprobar una doctrina u opinión	Tanto César Chávez como Martin Luther King, Jr. condenaban las manifestaciones violentas.	condena condenación (*f.*) condenable condenado/a
consentir	permitir algo	¡No puedo consentir que hables de esa forma!	consentimiento consentido/a
controlar	ejercer control o dominio	Las leyes se establecen para controlar la conducta de los pueblos.	control (*m.*) controlable (*adj.*) controlado/a
dominar	sujetar, reprimir; tener una persona su voluntad sujeta a la otra	Los países poderosos intentan con frecuencia dominar a los países más pobres.	dominio dominado/a dominante (*adj.*)
oponerse	ponerse en contra de una persona, idea o cosa	Es importante oponerse a la violación de los derechos humanos.	oposición (*f.*) opuesto opuesto/a (*adj.*)
segregar	separar o apartar una cosa de otra; dar trato de inferioridad a una parte de la población	Es increíble que en este siglo sigan los ricos segregando a los pobres.	segregación (*f.*) segregacionista (*m., f.; adj.*) segregado/a
subyugar	someter a alguien violentamente	El racismo pretende subyugar a las minorías raciales.	subyugación (*f.*) subyugado/a

Vocabulario del tema	Definición	Contexto	Otras formas de la palabra
SUSTANTIVOS			
el linaje	ascendencia de cualquier familia	El linaje social de una persona no debe intervenir con la aplicación de las leyes.	línea
la marginación	acción y efecto de aislar o apartar de la sociedad a una persona o grupo	La marginación provoca que los pobres vivan al margen de la sociedad.	margen (*m.*) marginar marginado/a
el racismo	teoría que sostiene la superioridad de ciertas razas y la inferioridad de otras	El racismo es el cáncer de las sociedades.	raza racial (*adj.*) racista (*adj.*)
la raza	en la especie humana, cada uno de los grandes grupos caracterizados principalmente por el color de la piel (negra, blanca, amarilla, cobriza, etcétera)	La mezcla de razas es ahora más común que hace apenas un siglo.	racial (*adj.*) racista (*adj.*) racismo
EXPRESIONES			
contar con	tener presente a algo o alguien; confiar en algo o alguien	Los niños deben contar con sus padres durante la infancia para todo.	cuenta contado/a
valer la pena	resultar provechoso el esfuerzo o trabajo empleado en alguien o algo	Aunque mucha gente no esté de acuerdo, vale la pena votar en todas las elecciones.	valorar valor valorado/a

PARA ESCUCHAR

Práctica 1   Palabras clave

Escucha las palabras del vocabulario y sus definiciones para familiarizarte con la pronunciación del vocabulario. Para cada palabra, escoge dos palabras o frases clave que te ayuden a recordar su significado. Vas a oír las definiciones dos veces.

MODELO: (ves)   condenar
(oyes)   Desaprobar o reprobar una doctrina u opinión.
(escribes)   **a.** desaprobar   **b.** reprobar

1. cesar   **a.** _____   **b.** _____

2. consentir   **a.** _____   **b.** _____

3. controlar   **a.** _____   **b.** _____

4. dominar   **a.** _____   **b.** _____

5. oponerse   **a.** _____   **b.** _____

6. segregar   **a.** _____   **b.** _____

7. subyugar   **a.** _____   **b.** _____

8. el linaje   **a.** _____   **b.** _____

9. la marginación   **a.** _____   **b.** _____

10. el racismo   **a.** _____   **b.** _____

11. la raza   **a.** _____   **b.** _____

12. contar con   **a.** _____   **b.** _____

13. valer la pena   **a.** _____   **b.** _____

Práctica 2 Asociaciones

Vas a escuchar unas palabras. Escoge de la siguiente lista la palabra que se asocie mejor con las palabras que escuches.

1. **a.** oponerse   **b.** subyugar
2. **a.** cesar   **b.** dominar
3. **a.** cesar   **b.** segregar
4. **a.** el racismo   **b.** la raza
5. **a.** el racismo   **b.** el linaje
6. **a.** el racismo   **b.** el linaje
7. **a.** oponerse   **b.** segregar
8. **a.** consentir   **b.** cesar
9. **a.** consentir   **b.** condenar
10. **a.** la marginación   **b.** subyugar
11. **a.** contar con   **b.** valer la pena
12. **a.** contar con   **b.** oponerse
13. **a.** subyugar   **b.** contar con
14. **a.** oponerse   **b.** controlar

Práctica 3 Definiciones

Vas a escuchar una serie de definiciones. Escoge la palabra que corresponda a cada definición.

1. **a.** la raza   **b.** segregar   **c.** el linaje
2. **a.** el racismo   **b.** la raza   **c.** cesar
3. **a.** el racismo   **b.** el linaje   **c.** la marginación
4. **a.** condenar   **b.** segregar   **c.** cesar
5. **a.** segregar   **b.** consentir   **c.** oponerse
6. **a.** dominar   **b.** consentir   **c.** oponerse
7. **a.** controlar   **b.** contar con   **c.** segregar
8. **a.** dominar   **b.** cesar   **c.** la raza
9. **a.** condenar   **b.** el linaje   **c.** valer la pena
10. **a.** contar con   **b.** consentir   **c.** oponerse
11. **a.** segregar   **b.** subyugar   **c.** contar con
12. **a.** consentir   **b.** controlar   **c.** cesar
13. **a.** condenar   **b.** consentir   **c.** valer la pena
14. **a.** dominar   **b.** la marginación   **c.** subyugar

*PARA ESCRIBIR

Práctica 1   Situaciones

Empareja cada una de las situaciones con la conclusión más lógica.

1. ____ Meredith decidió investigar el linaje de su familia después de encontrar un diario y unas cartas de su abuelo.

2. ____ El gobierno contaba con la falta de información y educación para subyugar a los grupos indígenas de la selva.

3. ____ Los jóvenes consintieron en confesarse con la policía cuando vieron las fotos.

4. ____ En el vídeo, los terroristas dicen que no van a cesar sus actos violentos antes de conseguir la libertad de sus colegas.

5. ____ Segregaron a los indígenas y a los negros en escuelas diferentes.

a. Sin embargo, el gobierno no se deja controlar por amenazas.

b. Pero últimamente varios grupos humanitarios han trabajado con ellos porque condenan el trato que reciben.

c. Ya no valía la pena mentir.

d. La marginación de ese período sigue afectando a esos grupos.

e. Quiere saber si tiene ascendencia hispana.

Práctica 2   Contextos

Escoge la palabra que complete mejor el sentido de cada una de las oraciones.

1. Durante los años del apartheid en Sudáfrica, el gobierno que... a los negros les negaba los derechos civiles y acceso a las oportunidades económicas.
   a. contaba con   b. dominaba

2. El partido político que... el Congreso influye mucho en el futuro inmediato del país.
   a. controla   b. segrega

3. Los protestantes gritaban y tiraban huevos y tomates hacia el ayuntamento pero... cuando llegó la policía.
   a. cesaron   b. dominaron

4. Hay algunas familias en los Estados Unidos que pueden trazar su... desde la llegada de sus parientes a América hace doscientos años.
   a. linaje   b. racismo

5. Las escuelas públicas en los Estados Unidos se... para que no se mezclaran las razas.
   a. cesaron   b. segregaron

6. Martin Luther King, Jr., ...a la falta de derechos civiles para los grupos minoritarios.
   a. se oponía   b. controlaba

7. La introducción de las reservaciones para los indígenas americanos resultó en... de su comunidad, la cual contribuyó a su pobreza.
   a. el racismo   b. la marginación

8. La acción afirmativa se estableció para crear oportunidades para... minoritarias.
   a. segregar   b. las razas

9. ...ha sido culpable de muchas atrocidades en la historia, como la esclavitud y el apartheid.
   a. El racismo   b. El linaje

10. A pesar de sus dudas, el Presidente... en aprobar la propuesta que le había presentado el Congreso.
    a. controló   b. consintió

11. El jurado... al hombre a la pena de muerte por el asesinato de tres personas.
    a. condenó   b. subyugó

12. Al fin y al cabo, el candidato demócrata sabía que podía... los votos de los sindicatos (*labor unions*).
    a. contar con   b. oponerse a

13. Durante el apartheid, el gobierno de Sudáfrica logró... a los negros manteniéndolos en la pobreza.
    a. cesar   b. subyugar

14. El hombre pensó que no... meterse en los asuntos de su amigo porque eso hubiera arruinado su amistad.
    a. valía la pena   b. consentía con

Práctica 3   Asociaciones

Empareja cada palabra de la columna A con su definición en la columna B.

	A		B
1. ____	segregar	a.	someter a alguien violentamente
2. ____	el linaje	b.	permitir algo
		c.	no seguir haciendo algo
3. ____	consentir	d.	estar en contra; rechazar
4. ____	cesar	e.	el apartheid; distinguir a base de la raza
5. ____	subyugar	f.	ascendencia o descendencia
6. ____	el racismo	g.	teoría que sostiene la superioridad de ciertas razas frente a las demás
7. ____	la raza	h.	casta o linaje; grupos de seres humanos que se caracterizan por el color de su piel
8. ____	oponerse a		

PARA ENTREGAR EN UNA HOJA APARTE

Actividad 1   Con tus propias palabras

Escribe, con tus propias palabras, definiciones de las siguientes palabras.

MODELO: consentir → No oponerse a algo; permitir que algo ocurre.

1. controlar   5. la raza
2. el racismo   6. oponerse a
3. valer la pena   7. dominar
4. el linaje   8. segregar

Actividad 2   Tus experiencias

Escribe oraciones en las que expreses tus propias experiencias usando cada una de las siguiente palabras.

1. la raza   4. el racismo
2. el linaje   5. dominar
3. segregar

Actividad 3   ¿Estás de acuerdo?

Indica si estás de acuerdo o no con las ideas expresadas en cada oración. Luego, explica tus razones.

1. El racismo es muy prevalente en esta sociedad aunque ahora es menos obvio de lo que era en los años 50.
2. Toda persona tiene prejuicios y no es posible eliminarlos por completo.

3. Para solucionar los prejuicios que motivan el racismo, hay que conocer personalmente a personas de diferentes razas.
4. Muchos grupos deciden segregarse voluntariamente de los demás grupos.
5. La historia del mundo es la de una raza intentando dominar a otra.

Actividad 4   Buscar antónimos

Busca en el diccionario palabras que son antónimas de las siguientes palabras.

1. consentir
2. dominar
3. marginación
4. segregar
5. el racismo

Gramática

Review of the Impersonal and Passive **se**

- ## The Impersonal **se**

Form

> **se** + third-person singular verb

Functions

The impersonal **se** expresses subjects that English would express with *one, you, people* (in general), or *they*. It indicates that people are involved in the action of the verb, but no specific individual is identified as performing the action. The verb is always in the third-person singular.

¿Cómo **se permite** que los criminales escapen de la justicia?	*How do they (you) allow criminals to escape justice?*
Se ve que todavía hay muchos casos de homofobia por todo el mundo.	*You can see that there are still many cases of homophobia around the world.*

- ## The Passive **se**

Forms

The passive **se** is used with a third-person singular or plural verb, depending on whether the object being acted upon is singular or plural.

> **se** + third person $\begin{Bmatrix} \text{singular} \\ \text{plural} \end{Bmatrix}$ verb + noun

Functions

As with the impersonal **se,** the passive **se** indicates that no specific individual is being referred to. The action is being done to something, but the agent (the doer) is either unknown or unimportant. Take note that the grammatical subject normally follows the verb in this construction.

Aquí no **se soporta** ninguna forma de discriminación.	*No form of discrimination is tolerated here.*
Se venden las armas por el mercado negro.	*Weapons are sold through the black market.*

¡OJO! Remember that **se** is also a reflexive pronoun. The reflexive **se** is used to talk about things that people do to or for themselves.

Los candidatos **se limitan** a contribuciones de 1.000 dólares por persona.	*The candidates limit themselves to contributions of 1,000 dollars per person.*

PARA ESCUCHAR

Práctica 1   ¿Impersonal o pasivo?

Indica si cada una de las oraciones que escuches expresa una idea impersonal o pasiva.

	IMPERSONAL	PASIVO		IMPERSONAL	PASIVO
1.	❑	❑	6.	❑	❑
2.	❑	❑	7.	❑	❑
3.	❑	❑	8.	❑	❑
4.	❑	❑	9.	❑	❑
5.	❑	❑	10.	❑	❑

Práctica 2   ¿Reflexivo o pasivo?

Indica si cada una de las oraciones que escuches expresa una idea reflexiva o pasiva.

	REFLEXIVO	PASIVO		REFLEXIVO	PASIVO
1.	❑	❑	6.	❑	❑
2.	❑	❑	7.	❑	❑
3.	❑	❑	8.	❑	❑
4.	❑	❑	9.	❑	❑
5.	❑	❑	10.	❑	❑

*PARA ESCRIBIR

Práctica 1   Preguntas

Contesta las siguientes preguntas usando el **se** pasivo y la información entre paréntesis.

MODELO: ¿Dónde comen tamales? (en México) → Se comen tamales en México.

1. ¿Con qué frecuencia juegan la Copa Mundial? (cada cuatro años)

_____

2. ¿Dónde hablan guaraní? (en el Paraguay)

_____

3. ¿En qué fecha conmemoran la independencia de México? (el 16 de septiembre)

_____

4. ¿En qué países practican las corridas de toros? (principalmente en España y en México)

_____

5. ¿Dónde crearon la paella valenciana? (en Valencia, España)

_____

6. ¿En qué país inventaron la música que se llama el mambo? (en Cuba)

_____

7. ¿Dónde bailan el tango? (en la Argentina)

_____

8. ¿En qué país hablan gallego? (en España)

_____

9. ¿Dónde toman mate? (en la Argentina, el Uruguay y Brasil)

_____

10. ¿En qué fecha celebran la Nochebuena en el Perú? (el 24 de diciembre)

_____

Práctica 2 Los derechos humanos

Escribe las siguientes oraciones de nuevo usando el **se** pasivo. Debes omitir el agente y sustituir la forma del verbo apropiado con **se.**

MODELO: Un congreso internacional estableció los códigos de derechos humanos en 1975. →
Se establecieron los códigos de derechos humanos en 1975.

1. En algunos países, los gobernantes no respetan el derecho a una prensa libre.

_____

2. En Kosovo, muchos edificios fueron destruídos durante la guerra.

_____

3. Los blancos en Sudáfrica ignoraron los derechos de los negros por muchos años.

_____

4. Varios individuos crearon «Amnesty International» para proteger los derechos de todas las personas.

_____

5. Hoy, grupos como la S.P.C.A. protegen los derechos de los animales.

_____

6. Rigoberta Menchú denunció el caso de la marginación y el asesinato de los indígenas guatemaltecos.

_____

7. Hitler perpetró el genocidio contra los judíos de Europa durante la Segunda Guerra Mundial.

_____

8. Mucha gente no sabe que los colonizadores europeos asesinaron a millones de indígenas en la Argentina.

_____

Práctica 3 Oraciones con *se*

Escoge la forma apropiada del verbo, según el contexto. Presta atención al uso del **se** impersonal y del **se** pasivo. Cuando los dos son posibles, escoge la forma del verbo que se corresponde con el **se** pasivo.

1. Se... que va a hacer buen tiempo esta semana.
   a. dice   **b.** dicen

2. Se... la influencia del arte africano en las pinturas de Pablo Picasso.
   a. ve   **b.** ven

3. Se... que es más difícil aprender a hablar una lengua extranjera como adulto.
   a. cree   **b.** creen

4. Se... a las mujeres con el estereotipo que existe de que son el sexo débil.
   a. ofende   b. ofenden

5. Se... los artículos en el periódico español, *El País*.
   a. publicó   b. publicaron

6. Se... a los ladrones escondiéndose en el bosque.
   a. encontró   b. encontraron

7. Se... las tiendas todos los días en España de las dos hasta las cinco de la tarde para la siesta.
   a. cierra   b. cierran

8. Se... El Instituto Nacional de Salud Pública en 1984.
   a. estableció   b. establecieron

9. Se... más de veinte tipos de papas en Perú.
   a. cultiva   b. cultivan

10. Se... a los africano-americanos en los años 50.
    a. segregaba   b. segregaban

11. Se... a los niños de las niñas.
    a. separó   b. separaron

12. Se... al soldado a la Florida para el adiestramiento.
    a. mandó   b. mandaron

✒ PARA ENTREGAR EN UNA HOJA APARTE

Actividad 1   ¿Qué se debe hacer?

Escribe por lo menos seis oraciones con recomendaciones sobre los derechos humanos, el racismo o la discriminación. Usa el **se** impersonal.

> MODELOS: **Se necesita** vigilar los métodos de dar empleo para evitar la discriminación.
> No **se debe** juzgar a la gente por su raza.

Actividad 2   ¿Cómo se hace... ?

Contesta las siguientes preguntas con una descripción de cómo se llevan a cabo estas acciones. Usa el **se** impersonal.

> MODELO: ¿Cómo se prepara tu plato favorito? →
> Para preparar mi plato favorito, se cortan cebolla y chiles en pedacitos pequeños. Luego, se mezclan la cebolla y los chiles con puré de aguacate. Entonces, se les añade sal y...

1. ¿Cómo se prepara tu plato favorito?
2. ¿Cómo se juega tu deporte favorito?
3. ¿Cómo se llega a tu casa desde la universidad donde estudias?
4. ¿Cómo se estudia para un examen de español?

Actividad 3   Letreros

Uno de los usos típicos del **se** impersonal es en los letreros y carteles. Inventa seis letreros para tu casa u oficina que reflejen tus gustos o lo que no te gusta.

MODELO:

Aquí se escucha música.

Resumen y repaso

Resumen léxico

Las libertades

VERBOS	SUSTANTIVOS	
arriesgar	el bien común	la libertad
denunciar	los derechos (humanos, legales, personales)	las manifestaciones políticas
difundir opiniones	la igualdad	los privilegios
	la independencia	la tiranía

La violación de las libertades

VERBOS	SUSTANTIVOS	
autorizar	la desnudez	los principios religiosos
censurar	la iglesia	los principios sociales
rechazar	la libertad de expresión artística	
reprobar	la libertad de palabra	FRASES PREPOSICIONALES
	la libertad de prensa	a través de
	los principios morales	por parte de

¿Qué es el sexismo?

VERBOS	SUSTANTIVOS	
acusar	la actitud discriminatoria	el fanatismo
despreciar	los crímenes por odio	la injusticia
desprestigiar	los delitos	la intolerancia
discriminar	la desigualdad	el sexismo
ofender		
suprimir		

El racismo

VERBOS		
cesar	segregar	la raza
condenar	subyugar	
consentir		EXPRESIONES
controlar	SUSTANTIVOS	contar con
dominar	el linaje	valer la pena
oponerse	la marginación	
	el racismo	

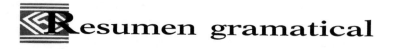

Resumen gramatical

REVIEW OF THE CONDITIONAL (LECCIÓN 9)

A. Forms
Review the forms of the conditional in **Lección 8.**

B. Functions

1. To express hypothetical actions or situations that correspond to the meaning of the word *would* in English.
2. To refer to the future from a past point of reference
3. To express possibility or probability in the past
4. To express politeness or deference

SUBJUNCTIVE OF INTERDEPENDENCE (ADVERBIAL CONJUNCTIONS) (LECCIÓN 9)

The subjunctive of interdependence is formed by combining an adverbial clause with a verb in the subjunctive to indicate a state of interdependence. Review the forms of the present subjunctive in **Lección 4.**

Adverbial Clauses

1. Expressions of time, place, manner, or concession

    ADVERBIAL CONJUNCTIONS OF TIME AND PLACE

cuando	hasta que
después (de) que	mientras (que)
donde	tan pronto (como)
en cuanto	

    Voy a ver la nueva película de Almodóvar tan pronto como **llegue** al cine.
    Esteban buscará trabajo en cuanto **termine** sus estudios.

    ADVERBIAL CONJUNCTIONS OF MANNER

    como
    de manera que
    de modo que

    Hay que explicar los ejercicios de modo que todos los **entiendan.**
    Enrique va a conseguir el dinero como **pueda.**

    ADVERBIAL CONJUNCTIONS OF CONCESSION

    a pesar de que
    aun cuando
    aunque

    Sé que Antonio se negará a tomar la medicina a pesar de que los doctores le **digan** que es necesario.
    Algunos canales ponen películas viejas aunque el público no **tenga** mucho interés en verlas.

ADVERBIAL CONJUNCTIONS OF TIME

The adverbial conjunctions of time, **ahora que** (*now that*), **puesto que** (*since*), and **ya que** (*since, now that*), always take the indicative because they express a completed or inevitable event or situation.

Ya que **sabes** mi dirección, ven a visitarme.

Ahora que te **hicieron** gerente, tendrás que trabajar más.

Puesto que ellos **vienen** a visitar hoy, vamos a cenar en casa.

2. Expressions of purpose, condition, or anticipation

ADVERBIAL CONJUNCTIONS OF PURPOSE

a fin de que
para que

Los padres dan reglas para que los hijos **aprendan** a ser responsables.

ADVERBIAL CONJUNCTIONS OF CONDITION

a condición de que	mientras que
a menos que	salvo que
con tal de que	siempre que
en caso de que	sin que

Vamos de vacaciones en mayo con tal de que el jefe nos **dé** permiso.
No habrá trenes hoy a menos que **solucionen** la huelga de conductores.

ADVERBIAL CONJUNCTIONS OF ANTICIPATION

antes (de) que
Elena y Rafael quieren ir a las montañas antes de que **haga** mucho frío.

REVIEW OF THE SUBJUNCTIVE IN NOUN CLAUSES (LECCIÓN 10)

A. Forms
Review the forms of the present subjunctive in **Lección 4.**

B. Functions
When a main verb expresses volition, the verb in the subordinate noun clause is in the subjunctive.

REVIEW OF THE IMPERSONAL AND PASSIVE **se** (LECCIÓN 10)

I. The Impersonal **se**

A. Forms
Review the form of the impersonal **se** in **Lección 8.**

B. Functions
The impersonal **se** expresses subjects that English would express with *one, you, people* (in general), or *they.* It indicates that people are involved in the action of the verb, but no specific individual is identified as performing the action.

II. The Passive **se**

A. Forms
Review the form of the passive **se** in **Lección 8.**

B. Functions
The passive **se** indicates that an action is being done to something but the agent is either unknown or unimportant.

UNIDAD ⑤

La libertad y la falta de libertad

• •

Examen de práctica

Puntos ganados = ____
Total posible = 51

I. Vocabulario (30 puntos)

A. Definiciones. Escucha cada definición y luego escribe su número al lado de la palabra o frase apropiada. (10 puntos)

a. ____ bien común   f. ____ iglesia

b. ____ desigualdad   g. ____ linaje

c. ____ despreciar   h. ____ privilegios

d. ____ difundir opiniones   i. ____ sexismo

e. ____ discriminar   j. ____ suprimir

B. Asociaciones. Empareja la palabra de la columna A con la palabra de la columna B con la cual se asocie mejor. (10 puntos)

A

1. ____ autorizar

2. ____ consentir

3. ____ delito

4. ____ desnudez

5. ____ independencia

6. ____ injusticia

7. ____ marginación

8. ____ ofender

9. ____ reprobar

10. ____ segregar

B

a. acción de aislar
b. autonomía
c. censurar
d. aprobar
e. crimen
f. condición de estar sin ropa
g. herir los sentimientos
h. dar trato de inferioridad a parte de la población
i. iniquidad u ofensa
j. permitir

C. Más definiciones. Empareja cada definición con la palabra apropiada. (10 puntos)

1. _____ conjunto de los principios y leyes a que están sometidas las relaciones humanas en toda sociedad civil

2. _____ facultad del ser humano para elegir su propia línea de conducta y ser responsable de ella

3. _____ acusar ante las autoridades

4. _____ normas de conducta basadas en la clasificación de los actos humanos en buenos y malos

5. _____ apasionamiento excesivo o intolerante con que una persona defiende creencias religiosas o políticas

6. _____ abuso de autoridad

7. _____ teoría que sostiene la superioridad de ciertas razas y la inferioridad de otras

8. _____ sujetar; reprimir

9. _____ quitar la buena reputación

10. _____ falta de respeto o consideración hacia las opiniones o prácticas diferentes de las de uno

a. denunciar
b. derechos
c. dominar
d. fanatismo
e. desprestigiar
f. intolerancia
g. tiranía
h. libertad
i. principios morales
j. racismo

II. Gramática (15 puntos)

A. Repaso del condicional. Lee cada oración. Luego, en el primer espacio en blanco, indica el sujeto de la oración. Debes escoger entre las cuatro opciones dadas a continuación. Luego, en el segundo espacio en blanco, escribe la forma condicional del verbo. (3 puntos)

a. yo
b. mis amigos
c. un amigo (una amiga)
d. algunos miembros de mi familia

1. _____ _____ (contribuir) con dinero a una organización política.

2. _____ _____ (participar) en una marcha de protesta.

3. _____ _____ (arriesgar) la vida por un causa.

B. ¿Subjuntivo? Escribe la forma correcta del verbo según el contexto. (3 puntos)

1. Los canales van a ganar dinero como _____ (poder); no importa la calidad de los programas.

2. Muchos padres les han dicho lo siguiente a su hijos: «Mientras que _____ (vivir) en mi casa, tienes que obedecerme.»

3. Mis padres van a comprar un satélite para _____ (tener) más opciones en cuanto a los programas.

C. Repaso del subjuntivo en cláusulas nominales. Escribe la forma apropiada del verbo. Luego, indica si estás de acuerdo o no con lo que se expresa. (6 puntos: 1 punto por cada verbo y $\frac{1}{2}$ punto por tu opinión)

	SÍ	NO

1. Recomiendo que los homosexuales _____ (conseguir) los mismos derechos que todos tenemos. ❏ ❏

2. Espero que se _____ (prohibir) el aborto. ❏ ❏

3. Insisto en que las mujeres soldados _____ (participar) totalmente en las guerras. ❏ ❏

4. Deseo que se _____ (eliminar) el sexismo en las escuelas primarias y secundarias. ❏ ❏

D. Repaso de *se*. Escribe de nuevo cada oración utilizando **se** en cada una. (3 puntos)

1. Muchos creen que el gobierno mexicano sabe más de lo que admite sobre el asesinato del Dr. Francisco Estrada Valle.

_____

_____

_____

2. En los años 80, varias personas fundaron el Grupo Ave de México dedicado a la prevención del SIDA.

_____

_____

_____

3. Hay derechos básicos de los que todo ser humano debe gozar, pero en varios países la gente no respeta estos derechos.

_____

_____

_____

III. Información en clase (6 puntos)

Conceptos importantes. Escoge dos de los siguientes conceptos y explica la importancia de cada uno en el contexto en que lo estudiamos en la clase. (6 puntos)

1. los derechos humanos

_____

_____

_____

2. las libertades y la responsabilidad personal

_____

_____

_____

3. los crímenes por odio

_____

_____

_____

4. el sexismo

_____

_____

_____

5. el racismo

_____

_____

_____

6. la censura

_____

_____

_____

ESCALA DE CORRECCIÓN PARA LA SECCIÓN III

3 puntos	La respuesta está correcta e indica que tienes un buen entendimiento del concepto.
2 puntos	La respuesta está incompleta e indica que tienes entendimiento parcial o limitado del concepto.
1 punto	La respuesta está incompleta; no da detalles; da poca información e/o información incorrecta.
0 puntos	La respuesta indica que todavía no entiendes el concepto.

Perspectivas e imágenes culturales

LECCIÓN 11   Imágenes culturales

Ideas para explorar *Ascendencia e identidad*

Vocabulario

Vocabulario del tema	Definición	Contexto	Otras formas de la palabra
el antagonismo	contrariedad, oposición; rivalidad	El antagonismo es una característica común de todo pueblo politizado.	antagonizar antagónico/a
la ascendencia	conjunto de antepasados (padres y abuelos) de quienes desciende una persona	Es común que la ascendencia de las personas en este país sea representativa de varias culturas.	ascender ascendiente (*m., f.*) ascendido/a
los ascendientes	antepasados; padre o cualquiera de los abuelos de una persona; las personas de una familia que preceden a una persona	Muchas personas jóvenes guardan fotos de cuando sus ascendientes emigraron a este país.	ascender ascendencia ascendido/a
las barreras	obstáculos que separan una cosa o persona de otra	La comunicación se complica cuando existen barreras culturales.	
la comunidad	congregación de personas que viven unidas y bajo ciertas reglas; conjunto de vecinos	En las ciudades grandes de este país es común encontrar comunidades hispanas.	comunitario/a

Vocabulario del tema	Definición	Contexto	Otras formas de la palabra
la etnicidad	la raza, pueblo o nación a la que pertenece una persona	Las universidades intentan tener miembros de todas las etnicidades.	étnico/a
la identidad	conjunto de características que diferencian a las personas y naciones entre sí	La educación, la formación y la cultura de una persona constituyen gran parte de su identidad.	identificar identificación (f.) identificado/a
el liderazgo	encontrarse un partido político, nación o comunidad en posición de dirigir; la situación de las personas que influyen en las acciones y decisiones de una comunidad	En toda democracia, el liderazgo de un pueblo depende de la suma equitativa de los votos de todos los ciudadanos.	liderar líder (m., f.)
las rencillas	disputas; desacuerdos	Es una lástima que las rencillas entre los liberales y los conservadores causen tantos problemas políticos.	
la solidaridad	adhesión a la causa de otros; adhesión a las obligaciones en común	Durante las catástrofes naturales, es común que los ciudadanos muestren solidaridad colectiva.	solidarizar solidario/a

PARA ESCUCHAR

Práctica 1   Palabras clave

Escucha las palabras del vocabulario y sus definiciones para familiarizarte con la pronunciación del vocabulario. Para cada palabra, escoge dos palabras o frases clave que te ayuden a recordar su significado. Vas a oír las definiciones dos veces.

MODELO: (ves) el antagonismo
         (oyes) Contrariedad, oposición o rivalidad.
      (escribes) **a.** contrariedad   **b.** oposición

1. la ascendencia   **a.** _____   **b.** _____

2. los ascendientes   **a.** _____   **b.** _____

3. las barreras   **a.** _____   **b.** _____

4. la comunidad   **a.** _____   **b.** _____

5. la etnicidad   **a.** _____   **b.** _____

6. la identidad   **a.** _____   **b.** _____

7. el liderazgo   **a.** _____   **b.** _____

8. las rencillas   **a.** _____   **b.** _____

9. la solidaridad   **a.** _____   **b.** _____

Práctica 2   Asociaciones

Vas a escuchar unas palabras. Escoge de la siguiente lista la palabra o frase que se asocie mejor con las palabras que escuches.

1. **a.** la solidaridad   **b.** los ascendientes
2. **a.** las barreras   **b.** la ascendencia
3. **a.** el antagonismo   **b.** el liderazgo
4. **a.** el antagonismo   **b.** la etnicidad
5. **a.** la comunidad   **b.** las rencillas
6. **a.** las barreras   **b.** la etnicidad
7. **a.** la solidaridad   **b.** la ascendencia
8. **a.** las rencillas   **b.** las barreras
9. **a.** el liderazgo   **b.** los ascendientes
10. **a.** la solidaridad   **b.** la identidad

Práctica 3   Definiciones

Vas a escuchar una serie de definiciones. Escoge la palabra o frase que corresponda a cada definición.

1. **a.** los ascendientes   **b.** la comunidad   **c.** el liderazgo
2. **a.** la etnicidad   **b.** la solidaridad   **c.** las barreras
3. **a.** los ascendientes   **b.** la comunidad   **c.** el liderazgo
4. **a.** las barreras   **b.** la ascendencia   **c.** las rencillas
5. **a.** la solidaridad   **b.** los ascendientes   **c.** el antagonismo
6. **a.** la ascendencia   **b.** la identidad   **c.** la solidaridad
7. **a.** las rencillas   **b.** las barreras   **c.** el liderazgo
8. **a.** la solidaridad   **b.** el liderazgo   **c.** el antagonismo
9. **a.** los ascendientes   **b.** la comunidad   **c.** la identidad
10. **a.** la etnicidad   **b.** las rencillas   **c.** el antagonismo

*PARA ESCRIBIR

Práctica 1   Situaciones

Empareja cada una de las situaciones con la conclusión más lógica.

1. _____ Carlos se sorprendió cuando supo que tenía un ascendiente taíno.

2. _____ Aunque la etnicidad de Mark es japonesa, sus padres adoptivos son estadounidenses y se crió en una región rural de Ohio.

3. _____ Hay mucho antagonismo entre los indígenas y los no indígenas en esta ciudad.

4. _____ Muchos jóvenes de esa tribu llegan a esta ciudad en busca de trabajo, pero no tienen una educación formal.

5. _____ El liderazgo que ha mostrado ese partido en los últimos años es increíble.

a. Algunas escuelas emplean uno o dos policías para evitar las rencillas entre los jóvenes de los dos grupos.

b. Ahora se nota la solidaridad entre sus miembros.

c. No sabía que tenía ascendencia indígena.

d. Su identidad es complicada por la mezcla de características físicas y de formación.

e. Es una de las barreras más difíciles para su avance económico.

Práctica 2   Contextos

Escoge la palabra que complete mejor el sentido de cada una de las oraciones.

1. Para muchos latinoamericanos, la experiencia de emigrar a los Estados Unidos puede ser muy difícil porque, además de... lingüísticas y culturales, tienen que confrontar la discriminación.
   a. las barreras
   b. la ascendencia

2. Se dice que los Estados Unidos son una nación de inmigrantes porque los... de la mayoría de la población son de otros países.
   a. barreras
   b. ascendientes

3. Un árbol genealógico muestra... de una familia.
   a. la ascendencia
   b. la solidaridad

4. En los Estados Unidos... entre los grupos minoritarios y los demás procede de la desigualdad económica y la discriminación.
   a. el liderazgo
   b. el antagonismo

5. Es importante que... de una nación trabaje por el bien común de todos, no sólo por el de unos pocos.
   a. las barreras
   b. el liderazgo

6. Algunos de los factores que contribuyen a definir... de una persona son su etnicidad, sus creencias y su personalidad.
   a. la identidad
   b. las rencillas

7. El racismo consiste en la discriminación contra una persona o grupo debido a su...
   a. etnicidad.
   b. solidaridad.

8. Es casi imposible hablar de... hispana en los Estados Unidos porque consiste en muchas nacionalidades diferentes, por ejemplo, la cubana, la puertorriqueña, la mexicana y otras.
   a. el antagonismo
   b. una comunidad

9. El movimiento por los derechos civiles tuvo éxito porque había un sentimiento de... entre los grupos minoritarios.
   a. solidaridad
   b. antagonismo

10. ...entre el partido republicano y el partido demócrata tienen que ver con diferencias ideológicas entre ambos partidos.
    a. La solidaridad
    b. Las rencillas

Práctica 3   Opuestos

Empareja cada palabra con las palabras o frase que significan lo opuesto.

1. _____ la solidaridad
2. _____ las rencillas
3. _____ la ascendencia
4. _____ el liderazgo
5. _____ el antagonismo
6. _____ las barreras

a. las generaciones que no han nacido todavía
b. abrirle el paso a otro; oportunidades
c. subordinados a otra persona
d. apoyo, dedicación
e. rencillas, oposición, división
f. relaciones amigables

✍ PARA ENTREGAR EN UNA HOJA APARTE

Actividad 1   Por ejemplo

Escribe dos ejemplos de los siguientes conceptos. Uno de los ejemplos debe relacionarse con tu experiencia personal. El otro ejemplo debe referirse a la sociedad o al país en general.

1. la comunidad
2. el antagonismo
3. la identidad
4. las rencillas
5. el liderazgo
6. las barreras
7. la solidaridad

Actividad 2   Correspondencias

Explica las posibles correspondencias entre cada par de ideas. Puedes basarte en tu propia experiencia o en la de tus amigos y familia.

1. la ascendencia y la comunidad
2. la etnicidad y la solidaridad
3. las barreras y el antagonismo
4. la solidaridad y la comunidad
5. las rencillas y la solidaridad
6. la identidad y los acendientes
7. la identidad y la comunidad
8. la identidad y la etnicidad

Actividad 3   ¿Qué cursos se ofrecen?

Paso 1   Consigue el catálogo de cursos donde aparecen las descripciones de los cursos y programas de tu universidad y busca cursos que traten de los siguientes temas. Trata de encontrar, para cada tema, dos cursos que se ofrecen en diferentes departamentos. Además de dar el título del curso, apunta cómo se tratan los temas. (Debes escribir en español.)

1. la ascendencia
2. la identidad
3. la etnicidad
4. el liderazgo
5. la comunidad

Paso 2   Ahora que ya has examinado el catálogo de cursos, indica, entre los cursos que has identificado, tres en los cuales quisieras matricularte. Explica tus razones.

Gramática

Review of Object Pronouns

Forms

INDIRECT OBJECT PRONOUNS		DIRECT OBJECT PRONOUNS	
me	nos	me	nos
te	os	te	os
le (se)	les (se)	lo/la	los/las

When both direct and indirect object pronouns are used together with the same verb, the indirect object pronoun precedes the direct object pronoun. When both pronouns begin with the letter **l**, the indirect object pronoun becomes **se**.

Functions

Direct object pronouns answer the questions *what* or *whom* in relation to the subject and verb. Indirect object pronouns usually answer the question *to whom, for whom, to what,* or *for what*.

DIRECT OBJECT PRONOUNS

Los estereotipos en general **me** ofenden.
La película **me** divirtió mucho.

INDIRECT OBJECT PRONOUNS

Algunos estereotipos **nos** dan perspectivas falsas.
El presidente **les** entregó el premio.

DOUBLE OBJECT PRONOUNS

Ah, ¿el suéter? Mis hijos **me lo** regalaron para mi cumpleaños.
¿Las composiciones? A la profesora Díaz **se las** entregaron sus
     estudiantes.

PARA ESCUCHAR

Práctica 1 ¿Lo ves?

Escoge el sustantivo que corresponda al pronombre de complemento directo o indirecto que escuches.
Vas a oír las oraciones dos veces.

1. **a.** la avenida	**b.** un piso	**c.** el centro
2. **a.** Mi novia	**b.** el restaurante	**c.** la cartera
3. **a.** mis padres	**b.** yo	**c.** alguien
4. **a.** el cine	**b.** palomitas	**c.** los fines de semana
5. **a.** el candidato	**b.** el trabajo	**c.** Elena
6. **a.** mis amigos	**b.** La última vez	**c.** España
7. **a.** el Comité Nobel	**b.** Jimmy Carter	**c.** la lucha
8. **a.** una empresa	**b.** las vacunas	**c.** Mis padres
9. **a.** el periódico	**b.** Guillermo	**c.** la basura
10. **a.** muchas horas	**b.** Los inmigrantes	**c.** las condiciones

Práctica 2 La clase de español

Primero, escucha cada una de las siguientes preguntas y escoge la respuesta correcta. Luego, marca **sí** o **no** para indicar si es verdad para ti o para tu clase de español. Vas a oír las preguntas dos veces.

MODELO: (oyes) ¿Vas a estudiar español este fin de semana?
             (escoges) **a.** No, no voy a estudiarlo.   **c.** No, no los voy a estudiar.
                         b. No, no la voy a estudiar.   **d.** No, no voy a estudiarlas.

		SÍ	NO
1. **a.** Sí, lo usamos.	**c.** Sí, los usamos.	❑	❑
b. Sí, la usamos.	**d.** Sí, las usamos.		
2. **a.** No, no lo conozco bien.	**c.** No, no los conozco bien.	❑	❑
b. No, no la conozco bien.	**d.** No, no las conozco bien.		
3. **a.** Sí, lo veo en otros lugares.	**c.** Sí, los veo en otros lugares.	❑	❑
b. Sí, la veo en otros lugares.	**d.** Sí, las veo en otros lugares.		
4. **a.** No, no lo invitaría.	**c.** No, no los invitaría.	❑	❑
b. No, no la invitaría.	**d.** No, no las invitaría.		
5. **a.** Sí, me saludan en español.	**c.** Sí, lo saludan en español.	❑	❑
b. Sí, te saludan en español.	**d.** Sí, la saludan en español.		

		SÍ	NO

6. **a.** No, no lo sabía.   **c.** No, no los sabía.   ☐ ☐
  b. No, no la sabía.   **d.** No, no las sabía.

7. **a.** Sí, lo escucho con frecuencia.   **c.** Sí, los escucho con frecuencia.   ☐ ☐
  b. Sí, la escucho con frecuencia.   **d.** Sí, las escucho con frecuencia.

8. **a.** No, no lo sé conjugar así.   **c.** No, no sé conjugarlos así.   ☐ ☐
  b. No, no la sé conjugar así.   **d.** No, no las sé conjugar así.

9. **a.** Sí, lo escribo.   **c.** Sí, los escribo.   ☐ ☐
  b. Sí, la escribo.   **d.** Sí, las escribo.

10. **a.** No, no lo leo.   **c.** No, no los leo.   ☐ ☐
  b. No, no la leo.   **d.** No, no las leo.

Práctica 3   Preguntas

Primero, escucha cada una de las siguientes preguntas y escoge la respuesta correcta. Luego, marca **sí** o **no** para indicar si es verdad para ti. Vas a oír las preguntas dos veces.

MODELO: (oyes)   ¿Les da a Uds. tarea todos los días el profesor?
   (escoges)   Sí, nos la da.

			SÍ	NO

1. **a.** Sí, se los dan.   **b.** Sí, me los dan.   ☐ ☐

2. **a.** Sí, me lo dicen.   **b.** Sí, se la digo.   ☐ ☐

3. **a.** Sí, me molesta.   **b.** Sí, los molesta.   ☐ ☐

4. **a.** Se las explica en español.   **b.** Nos las explica en español.   ☐ ☐

5. **a.** Sí, se lo hago.   **b.** Sí, se las hago.   ☐ ☐

6. **a.** Sí, me los piden.   **b.** Sí, se los pido.   ☐ ☐

7. **a.** Sí, me interesan.   **b.** Sí, se interesan.   ☐ ☐

8. **a.** Sí, se lo presto.   **b.** Sí, me los presto.   ☐ ☐

9. **a.** Sí, me dan miedo.   **b.** Sí, les dan miedo.   ☐ ☐

*PARA ESCRIBIR

Práctica 1   Pronombres directos

Escoge el pronombre de complemento directo apropiado, según el contexto.

1. Encontré el coche perfecto para mí. Espero que mis padres me permitan comprar...
   a. lo.   **b.** la.   **c.** los.   **d.** las.

2. A Elena no le gustan los deportes, pero... ve de vez en cuando.
   a. lo   **b.** la   **c.** los   **d.** las

3. Tengo a la profesora Gómez este semestre en la clase de economía. ¿ ...conoces?
   a. Lo   **b.** La   **c.** Los   **d.** Las

4. Roberto no entendía las instrucciones para la tarea hasta que el profesor se... explicó.
   a. lo   **b.** la   **c.** los   **d.** las

5. Me encantó la novela *El extranjero* por Alberto Camus. Te recomiendo que... leas.
   a. lo   **b.** la   **c.** los   **d.** las

6. Estoy pensando en especializarme en español. ¿Conoces a alguien que... estudie?
   a. lo   **b.** la   **c.** los   **d.** las

7. La gente que cuenta bromas (*jokes*) que se basan en estereotipos... cuenta sin pensar en los prejuicios que perpetúan.
   a. lo   **b.** la   **c.** los   **d.** las

8. He oído que la casa de la artista Frida Kahlo es una maravilla. Espero visitar... cuando esté en México este verano.
   a. lo   **b.** la   **c.** los   **d.** las

9. Mis padres se enfadan conmigo porque no... llamo mucho.
   a. lo   **b.** la   **c.** los   **d.** las

10. El español es hoy más popular que nunca en los Estados Unidos y, por eso, hay muchos estudiantes que tienen ganas de aprender...
    a. lo.   **b.** la.   **c.** los.   **d.** las.

Práctica 2   Pronombres indirectos
Escoge el pronombre o los pronombres apropiado(s), según el contexto.

1. Mi hermano prefiere que yo... escriba un correo electrónico en vez de llamarlo por teléfono.
   a. me   **b.** te   **c.** le   **d.** les   **e.** nos

2. Voy a pedirles a mis padres que... presten dinero para las vacaciones de primavera.
   a. me   **b.** te   **c.** le   **d.** les   **e.** nos

3. A mis amigos y a mí... fastidia la gente que estereotipa.
   a. me   **b.** te   **c.** le   **d.** les   **e.** nos

4. Los estudiantes... preguntaron al profesor si sería posible extender el plazo para entregar el informe.
   a. me   **b.** te   **c.** le   **d.** les   **e.** nos

5. El profesor... respondió a los estudiantes que pospondría el plazo para entregar el informe hasta la próxima semana.
   a. me   **b.** te   **c.** le   **d.** les   **e.** nos

6. Cuando Roberto necesitaba dinero para pagar la cuenta de la universidad sus abuelos... dieron.
   a. se lo   **b.** se la   **c.** se los   **d.** se las

7. ...dije a Miguel y Elena que no puedo cuidar a su perro cuando están de vacaciones porque yo también voy de viaje.
   a. Me   **b.** Te   **c.** Le   **d.** Les   **e.** Nos

8. ¿ ...preocupa a ti que vota tan poca gente?
   a. Me   **b.** Te   **c.** Le   **d.** Les   **e.** Nos

9. ...mandé a la familia de Luisa entradas para un partido de básquetbol.
   a. Me   **b.** Te   **c.** Le   **d.** Les   **e.** Nos

10. Mi compañero de cuarto me dijo que yo... debía dinero para pagar la pizza que pedimos anoche.
    a. me   **b.** te   **c.** le   **d.** les   **e.** nos

Práctica 3   Anuncios
Busca pronombres de complementos directos en los anuncios a continuación. ¿A qué se refiere cada uno?

1. En el anuncio de Bonafont, **la** se refiere a...
   a. la compañía Bonafont.
   b. la pura agua.
   c. la salud.

2. En el anuncio de Citibank, **la** se refiere a...
   a. la tarjeta de Visa.
   b. el crédito.
   c. la persona que lee el anuncio.

3. En el anuncio de Chef Merito, **lo** se refiere a...
   a. Ud.
   b. Chef Merito.
   c. el pollo, la carne o el pescado.

4. En el anuncio de Total, **la** se refiere a...
   a. usted, la lectora del anuncio.
   b. el cereal Total.
   c. la buena nutrición.

Total contiene 100% de 10 vitaminas y minerales

Aparte de ser **el único cereal líder** con 100% de 10 vitaminas y minerales, Total está hecho de **trigo entero**, un grano realmente sano. Además, es una **excelente fuente de calcio***.

Así que pruebe un plato, y verá que cuando se trata de la buena nutrición, Total la dejará 100% satisfecha.

Total®. Nutrición Total™.

* 25% del valor diario.

✎ PARA ENTREGAR EN UNA HOJA APARTE

Actividad   Nuestra ascendencia

En la clase, tú y tus compañeros de clase hablaron de los efectos de la ascendencia en la vida de Uds. Escoge dos de los comentarios que hicieron y explica en un párrafo de por lo menos cuatro oraciones tu opinión sobre cada uno. ¿La ascendencia te afecta a ti más que a tus compañeros o menos? Usa los complementos de objeto directo e indirecto cuando sea necesario.

Ideas para explorar *Símbolos e imágenes*

Vocabulario

Vocabulario del tema	Definición	Contexto	Otras formas de la palabra
VERBOS			
atribuir	aplicar, a veces por conjetura, hechos o cualidades a alguna persona o cosa	Los estereotipos se producen cuando se les atribuye características innatas a los miembros de una raza o etnicidad.	atributo atribuido/a
captar	percibir el significado o sentido de una cosa; atraer y retener la atención	Para captar la importancia de los conflictos contemporáneos es necesario leer las noticias todos los días.	captado/a
caracterizar	determinar las cualidades específicas de una persona o cosa; distinguir a una persona o cosa de las demás	Los periódicos liberales han caracterizado al presidente como un personaje violento y poco inteligente.	carácter (*m.*) caracterizado/a
encarnar	personificar; representar alguna idea o algún concepto abstracto	Los dictadores encarnan los peores atributos humanos: odio, destrucción y totalitarismo.	carne (*f.*) encarnado/a
representar	hacer presente una cosa en la imaginación por medio de palabras o figuras	La lluvia en este poema representa la tristeza del autor.	representación(*f.*) representado/a
simbolizar	servir una cosa como símbolo de otra	Las estrellas en la bandera estadounidense simbolizan la unión de cincuenta territorios.	símbolo simbolizado/a

Vocabulario del tema	Definición	Contexto	Otras formas de la palabra
SUSTANTIVOS			
el atributo	característica; cualidad; aspecto	Los atributos de los dioses en la mitología griega casi siempre tienen un paralelo con los humanos.	atribuir atribuido/a
el emblema	cualquier cosa que es representación simbólica de otra; símbolo en que se representa alguna figura	El emblema que aparece en la bandera mexicana —el águila devorando una serpiente— fue tomado de una leyenda antigua.	emblematizar emblematizado/a
la imagen	figura; representación	La imagen de la Virgen es constante en todas las culturas cristianas.	imaginar imaginado/a
la insignia	señal distintiva; bandera o estandarte; imagen o medalla	Los generales del ejército llevan varias insignias en el pecho.	

PARA ESCUCHAR

Práctica 1   Palabras clave

Escucha las palabras del vocabulario y sus definiciones para familiarizarte con la pronunciación del vocabulario. Para cada palabra, escoge dos palabras o frases clave que te ayuden a recordar su significado. Vas a oír las definiciones dos veces.

> MODELO: (ves) el atributo
> (oyes) Característica, cualidad, aspecto.
> (escribes) **a.** característica   **b.** aspecto

1. atribuir   **a.** _____   **b.** _____

2. captar   **a.** _____   **b.** _____

3. caracterizar   **a.** _____   **b.** _____

4. encarnar   **a.** _____   **b.** _____

5. representar   **a.** _____   **b.** _____

6. simbolizar   **a.** _____   **b.** _____

7. el emblema   **a.** _____   **b.** _____

8. la imagen   **a.** _____   **b.** _____

9. la insignia   **a.** _____   **b.** _____

Práctica 2   Asociaciones

Vas a escuchar unas palabras. Escoge de la siguiente lista la palabra o frase que se asocie mejor con las palabras que escuches.

1. **a.** atribuir   **b.** representar
2. **a.** encarnar   **b.** captar
3. **a.** atribuir   **b.** simbolizar
4. **a.** atribuir   **b.** simbolizar
5. **a.** representar   **b.** captar
6. **a.** caracterizar   **b.** atribuir
7. **a.** la imagen   **b.** caracterizar
8. **a.** atribuir   **b.** el emblema
9. **a.** el atributo   **b.** la insignia
10. **a.** encarnar   **b.** la insignia

Práctica 3   Definiciones

Vas a escuchar una serie de definiciones. Escoge la palabra o frase que corresponda a cada definición.

1. **a.** captar   **b.** el atributo   **c.** representar
2. **a.** atribuir   **b.** encarnar   **c.** la insignia
3. **a.** la insignia   **b.** simbolizar   **c.** caracterizar
4. **a.** captar   **b.** el emblema   **c.** encarnar
5. **a.** atribuir   **b.** la imagen   **c.** representar
6. **a.** simbolizar   **b.** la imagen   **c.** la insignia
7. **a.** la imagen   **b.** el atributo   **c.** captar
8. **a.** la imagen   **b.** el emblema   **c.** representar
9. **a.** el emblema   **b.** el atributo   **c.** la insignia
10. **a.** simbolizar   **b.** atribuir   **c.** caracterizar

*PARA ESCRIBIR

Práctica 1   Situaciones

Empareja cada una de las situaciones con la conclusión más lógica.

1. _____ La insignia de esa organización es ofensiva para muchas personas.

2. _____ El águila encarna las características importantes de la nación.

3. _____ En Honduras cambiaron la flor nacional de la rosa a la orquídea.

4. _____ Christopher Reeve encarnaba en su papel más conocido la justicia, el bien y la verdad.

5. _____ Las cinco estrellas de la bandera de Honduras representan los cinco miembros del antiguo República Federal de Centroamérica.

a. Además de encarnar la belleza y el vigor del país, también es originaria del país, la primera no.

b. Los atributos que lo caracterizaban en los últimos nueve años de su vida eran la determinación, el coraje y la gracia.

c. Simboliza la belleza, la independencia y el poder.

d. Representa un período negativo y difícil de su historia.

e. Representan Costa Rica, Guatemala, Nicaragua, Honduras y El Salvador.

Práctica 2   Contextos

Escoge la palabra que complete mejor el sentido de cada una de las oraciones.

1. ...de la Virgen de Guadalupe se ve por todo México.
 a. Representar   **b.** La imagen

2. Las alas de un águila son... que llevan los pilotos para distinguirse de los asistentes de vuelo.
 a. la insignia   **b.** el atributo

3. ...la creación de la primera bandera de los Estados Unidos a Betsy Ross, en 1776.
 a. Se atribuye   **b.** Se encarna

4. Cada cuatro años, las elecciones presidenciales... la atención de la nación.
 a. simbolizan   **b.** captan

5. La independencia y el espíritu aventurero son cualidades que... la identidad estadounidense.
 a. el emblema   **b.** caracterizan

6. Los budistas creen que el Dalai Lama es el Buda...
 a. encarnado.   **b.** la imagen.

7. Los colores de la bandera mexicana —verde, blanco y rojo—... esperanza, pureza y unión.
 a. representan   **b.** atribuyen

8. En el sello presidencial de los Estados Unidos, las flechas y la rama de olivo agarrados por el águila... guerra y paz.
 a. simbolizan   **b.** caracterizan

9. Muchos de nuestros... físicos son herencia de nuestros ascendientes.
 a. insignias   **b.** atributos

10. ...de México es un águila devorando una serpiente.
 a. El emblema   **b.** Simbolizar

Práctica 3   Asociaciones

Empareja cada palabra de la columna A con su definición en la columna B.

	A		B
1.	_____ insignia	**a.**	aplicar cualidades
2.	_____ encarnar	**b.**	atraer la atención
		c.	cualidad
3.	_____ atributo	**d.**	distinguir de los demás
4.	_____ captar	**e.**	figura
5.	_____ emblema	**f.**	hacer presente en la imaginación
		g.	personificar
6.	_____ imagen	**h.**	representación simbólica
7.	_____ atribuir	**i.**	señal distintiva
8.	_____ caracterizar	**j.**	servir como símbolo
9.	_____ representar		
10.	_____ simbolizar		

PARA ENTREGAR EN UNA HOJA APARTE

Actividad 1   Por ejemplo

Escribe dos ejemplos concretos de las siguientes palabras. Uno de los ejemplos debe referirse a un negocio, el otro a cualquier cosa. (Pista: Busca en las páginas amarillas de la guía telefónica.) Explica cada ejemplo utilizando las palabras entre paréntesis.

1. emblema (captar, encarnar)
2. imagen (representar, atribuir)
3. insignia (caracterizar, simbolizar)

Actividad 2   ¿Qué opinas?

Responde a cada afirmación dando tu opinión personal acerca de los temas tratados.

1. La insignia de esta universidad capta las cualidades de los alumnos.
2. Las campañas políticas nos dan imágenes falsas de los candidatos.
3. Caracterizar la vida personal (o privada) de un candidato político es saber qué tipo de líder va a ser.
4. La Primera Dama del país simboliza a todas las mujeres del país.

Gramática

Review of the Preterite

Forms

The preterite is a past tense formed by adding the following endings to the verb stem.

-ar VERBS		**-er/ir** VERBS	
-é	-amos	-í	-imos
-aste	-asteis	-iste	-isteis
-ó	-aron	-ió	-ieron

Many verbs have irregular stems in the preterite. These are presented in the textbook.

Functions

To narrate events or actions that took place at one specific time in the past.

PARA ESCUCHAR

Práctica 1   ¿Lo hacía o lo hizo?

Indica si cada una de las oraciones describe lo que alguien hacía con frecuencia (en el imperfecto) o hizo la semana pasada (en el pretérito).

	LO HACÍA CON FRECUENCIA.	LO HIZO LA SEMANA PASADA.
1.	❑	❑
2.	❑	❑
3.	❑	❑
4.	❑	❑
5.	❑	❑
6.	❑	❑
7.	❑	❑
8.	❑	❑
9.	❑	❑
10.	❑	❑

Práctica 2 ¿Simultáneas, serie o una interrumpida?

Las oraciones que vas a escuchar describen dos acciones. Indica si las acciones son simultáneas (las dos en el imperfecto), una serie de acciones completas (las dos en el pretérito) o si una interrumpe la otra (una en el pretérito y otra en el imperfecto). Vas a oír las oraciones dos veces.

	SIMULTÁNEAS	SERIE	UNA INTERRUMPIDA
1.	❑	❑	❑
2.	❑	❑	❑
3.	❑	❑	❑
4.	❑	❑	❑
5.	❑	❑	❑
6.	❑	❑	❑
7.	❑	❑	❑
8.	❑	❑	❑
9.	❑	❑	❑
10.	❑	❑	❑

*PARA ESCRIBIR

Práctica 1 Un poco de historia

Escoge la forma correcta del pretérito para completar cada oración a continuación.

1. Bajo el mando de Hernán Cortés, los españoles... a México en el año 1518.
   a. llegué b. llegaste c. llegó d. llegamos e. llegaron

2. Después de un intento fracasado, Hernán Cortés... conquistar a los aztecas en 1521.
   a. conseguí b. conseguiste c. consiguió d. conseguimos e. consiguieron

3. Cristóbal Colón... América en 1492.
   a. encontré b. encontraste c. encontró d. encontramos e. encontraron

4. Los mayas... pirámides enormes en Chichén Itzá como centros ceremoniales.
   a. construí b. construiste c. construyó d. construimos e. construyeron

5. Mi familia y yo... las ruinas mayas en la península de Yucatán para las vacaciones de primavera.
   a. visité b. visitaste c. visitó d. visitamos e. visitaron

6. El territorio de los incas se... desde Chile hasta el Ecuador.
   a. extendí b. extendiste c. extendió d. extendimos e. extendieron

7. La conquista de América... con la Inquisición española.
   a. coincidí b. coincidiste c. coincidió d. coincidimos e. coincidieron

8. El conquistador Francisco Pizarro fue quien... a los incas en 1533.
   a. derroté b. derrotaste c. derrotó d. derrotamos e. derrotaron

9. ¿... tú las cartas que le escribió Hernán Cortés al rey Carlos V?
   a. Leí b. Leíste c. Leyó d. Leímos e. Leyeron

10. Muchos de los indígenas... a causa de las enfermedades traídas por los europeos al Nuevo Mundo.
    a. morí b. moriste c. murió d. morimos e. murieron

Práctica 2   El cumpleaños de Jorge
Escoge la forma apropiada del verbo, el pretérito o el imperfecto, según el contexto.

1. Ayer, Jorge... su cumpleaños con sus amigos María y Manuel en un restaurante.
    a. celebró   **b.** celebraba

2. María le... a Jorge su regalo de cumpleaños antes de salir de la casa para el restaurante.
    a. dio   **b.** daba

3. Aunque el restaurante... lejos de la discoteca Jorge quería andar hasta allí en vez de tomar el metro.
    a. quedó   **b.** quedaba

4. Jorge... alegre de que María y Manuel celebraran su cumpleaños con él.
    a. estuvo   **b.** estaba

5. Maria y Manuel... pedir la carne asada y los frijoles enteros a pesar de que Jorge les había recomendado las enchiladas de la casa.
    a. decidieron   **b.** decidían

6. Después de la cena, los tres... a bailar a una discoteca.
    a. fueron   **b.** iban

7. Jorge quería ir a la discoteca Charlie porque los martes... música de los 70.
    a. tocaron   **b.** tocaban

8. Los tres amigos iban caminando a la discoteca, cuando de repente, ...a llover.
    a. empezó   **b.** empezaba

9. Los tres amigos se... con otros amigos en la discoteca.
    a. encontraron   **b.** encontraban

10. María y Manuel bailaban mientras Jorge... con unos amigos.
    a. charló   **b.** charlaba

Práctica 3   Un viaje a España
Escoge la forma apropiada del verbo, el pretérito o el imperfecto, según el contexto.

1. Después de mucha discusión, mis padres... que este año iríamos a España para las vacaciones.
    a. decidían   **b.** decidieron

2. Cada año mi familia... vacaciones en un lugar distinto.
    a. tomaba   **b.** tomó

3. Hace dos años... a Oaxaca, México, por dos semanas en el verano.
    a. íbamos   **b.** fuimos

4. Cuando mi hermana y yo estábamos en el Museo de la Reina Sofía... allí a una muchacha de Ávila que se ofreció a servirnos de guía en la ciudad de Madrid.
    a. conocíamos   **b.** conocimos

5. La muchacha de Ávila se... Nuria.
    a. llamaba   **b.** llamó

6. Mientras Nuria nos... a varios sitios turísticos ella nos contaba la historia de Madrid.
    a. conducía   **b.** condujo

7. Como Nuria había sido tan amable con nosotras, esa noche la... a cenar con nuestra familia.
    a. invitábamos   **b.** invitamos

8. Nuria conocía un restaurante muy bueno en la Puerta del Sol que... tapas y paella valenciana.
    a. servía   **b.** sirvió

9. Uno de los lugares turísticos al cual Nuria nos... ese día fue el Palacio Real.
   a. llevaba   b. llevó

10. El Palacio Real... muy lejos pero valió la pena ir porque es un edificio muy elegante.
    a. estaba   b. estuvo

Práctica 4   La visita de Eduardo

Escoge la forma apropiada del verbo, el pretérito o el imperfecto, según el contexto.

1. Eduardo, mi mejor amigo de la escuela secundaria, me llamó para decirme que... a verme el próximo fin de semana.
   a. venía   b. vino

2. No dudo que Eduardo es un buen amigo, ya que él... ayer cinco horas para verme.
   a. conducía   b. condujo

3. Eduardo no llegó hasta las seis de la tarde, y como ninguno de nosotros había comido, ...una pizza a un restaurante cercano.
   a. pedíamos   b. pedimos

4. ...alegre de pasar tiempo con Eduardo porque no lo había visto por seis meses.
   a. Estaba   b. Estuve

5. Cuando éramos estudiantes en la escuela secundaria, Eduardo y yo... al básquetbol todos los días.
   a. jugábamos   b. jugamos

6. ...que sería divertido ir a un partido de básquetbol después de comer la pizza.
   a. Pensábamos   b. Pensamos

7. Cuando... a la boletería para comprar las entradas para el partido ya se habían agotado.
   a. llegábamos   b. llegamos

8. Fuimos a un club para hablar, y Eduardo me... que él y su novia, Elena, iban a casarse antes de graduarse de la universidad.
   a. decía   b. dijo

9. Eduardo... seguro de su decisión de casarse aunque interrumpiría sus estudios universitarios.
   a. parecía   b. pareció

10. Eduardo me dijo que él... mis dudas sobre su decisión de casarse antes de graduarse, pero que el asunto ya estaba decidido y sabía que ella era la pareja perfecta.
    a. entendía   b. entendió

PARA ENTREGAR EN UNA HOJA APARTE

Actividad 1   ¿Qué representaron?

Escribe una oración verdadera sobre cada uno de los siguientes presidentes estadounidenses. Trata de utilizar el pretérito de los siguientes verbos en las oraciones.

atribuir	caracterizar	representar
captar	encarnar	simbolizar

1. Bill Clinton
2. Ronald Reagan
3. Jimmy Carter
4. John F. Kennedy

Actividad 2 La cultura hispana en los Estados Unidos

La influencia de la cultura hispana en los Estados Unidos es muy evidente. ¿Por qué motivo son conocidas las personas de la lista a continuación? Escribe por lo menos una oración describiendo algo por lo cual cada persona es famosa. Usa el pretérito.

MODELO: María Conchita Alonso → Actuó en la película *Depredador* con Arnold Schwarzenegger.

1. Henry Cisneros
2. César Chávez
3. Ricky Martin
4. Anthony Quinn
5. Julio Iglesias
6. Selena
7. Salma Hayek
8. Sandra Cisneros
9. Eric Estrada
10. Jennifer López

LECCIÓN 12   Perspectivas culturales

Ideas para explorar ¿Descubrimiento, encuentro o invasión?

Vocabulario

Vocabulario del tema	Definición	Contexto	Otras formas de la palabra
VERBOS			
colonizar	transformar tierra extranjera en territorio dependiente de otro	Los españoles colonizaron un territorio gigantesco del continente americano.	colonia colonial (*adj.*) colonizado/a
destruir	deshacer o reducir a trozos pequeños una cosa material	«Lo que no me destruye, me hace más fuerte», dijo Nietzsche.	destrucción (*f.*) destruido/a
explotar	aprovecharse abusivamente de alguien o algo	Si seguimos explotando los recursos naturales, no habrá más bosques dentro de pocos años.	explotación (*f.*) explotado/a
oprimir	dominar; gobernar con tiranía alguien	Los colonizadores intentaron oprimir el espíritu de los habitantes nativos, pero nunca lo consiguieron.	opresión (*f.*) oprimido/a
SUSTANTIVOS			
el descubrimiento	acción de hallar lo que estaba ignorado o era desconocido	El descubrimiento de América fue el evento más importante del siglo XV.	descubrir descubierto/a
el encuentro	acto de coincidir dos o más cosas en un punto o lugar	Los países más desarrollados admiten el encuentro y la convivencia de diversas culturas.	encontrar encontrado/a

Vocabulario del tema	Definición	Contexto	Otras formas de la palabra
el esclavo (la esclava)	persona que está bajo la dependencia absoluta del que la compra o hace prisionera	Espartaco (*Spartacus*) pasó a la historia como ejemplo de un esclavo rebelde, valiente y heroico.	esclavizar esclavizado/a (*adj.*)
el explorador (la exploradora)	alguien que recorre un país o territorio desconocido para observarlo detenidamente	Magallanes fue un explorador y navegante muy importante del siglo XVI.	explorar explorado/a (*adj.*)
el genocidio	crimen que consiste en exterminar a un grupo étnico o social	El genocidio de los judíos durante la Segunda Guerra Mundial fue uno de los eventos más lamentables del siglo pasado.	
la invasión	entrada en un país por parte de fuerzas militares extranjeras	Los militares intentaron justificar la invasión con argumentos que a nadie convencieron.	invadir invadido/a (*adj.*)
el pionero (la pionera)	persona que inicia la exploración y población de nuevas tierras	Los pioneros ingleses más liberales se establecieron en el estado de Rhode Island.	
el/la pirata	persona que navega los océanos para asaltar, apresar y robar barcos	Los piratas modernos no navegan los océanos, sino el Internet.	piratear perateado/a (*adj.*)

PARA ESCUCHAR

Práctica 1   Palabras clave

Escucha las palabras del vocabulario y sus definiciones para familiarizarte con la pronunciación del vocabulario. Para cada palabra, escoge dos palabras o frases clave que te ayuden a recordar su significado. Vas a oír las definiciones dos veces.

> MODELO: (ves) oprimir
> (oyes) Dominar; gobernar con tiranía alguien.
> (escribes) **a.** dominar   **b.** gobernar con tiranía

1. colonizar   a. _____   b. _____

2. destruir   a. _____   b. _____

3. explotar   a. _____   b. _____

4. el descubrimiento   a. _____   b. _____

5. el encuentro   a. _____   b. _____

6. el esclavo   a. _____   b. _____

7. el explorador   a. _____   b. _____

8. el genocidio   a. _____   b. _____

9. la invasión   a. _____   b. _____

10. el pionero   a. _____   b. _____

11. el pirata   a. _____   b. _____

Práctica 2   Asociaciones

Vas a escuchar unas palabras. Escoge de la siguiente lista la palabra o frase que se asocie mejor con las palabras que escuches.

1. a. destruir   b. oprimir
2. a. explotar   b. colonizar
3. a. el pirata   b. el esclavo
4. a. la invasión   b. el genocidio
5. a. el esclavo   b. el pionero
6. a. el explorador   b. el genocidio
7. a. el pionero   b. el encuentro
8. a. el descubrimiento   b. el explorador
9. a. el pirata   b. el esclavo
10. a. la invasión   b. el genocidio
11. a. destruir   b. explotar
12. a. colonizar   b. destruir

Práctica 3   Definiciones

Vas a escuchar una serie de definiciones. Escoge la palabra o frase que corresponda a cada definición.

1. a. destruir   b. colonizar   c. explotar
2. a. el esclavo   b. el pirata   c. el pionero
3. a. colonizar   b. el genocidio   c. la invasión
4. a. el encuentro   b. el explorador   c. explotar
5. a. el genocidio   b. la invasión   c. el descubrimiento
6. a. oprimir   b. explotar   c. el encuentro
7. a. oprimir   b. colonizar   c. destruir
8. a. el descubrimiento b. el encuentro   c. el pionero
9. a. el pirata   b. el explorador   c. el descubrimiento
10. a. el pionero   b. el explorador   c. el pirata
11. a. la invasión   b. el genocidio   c. el descubrimiento
12. a. explotar   b. oprimir   c. destruir

*PARA ESCRIBIR

Práctica 1 Situaciones
Empareja cada una de las situaciones con la conclusión más lógica.

1. _____ Mi hijo siempre soñaba con una vida de aventuras, tesoros y viajes por el océano.

2. _____ El abuelo de mi madre era esclavo que trabajaba en una haciendo cerca de la costa.

3. _____ Ralph David Abernathy fue uno de los pioneros de los derechos civiles.

4. _____ Milosevec se presentó como el defensor de serbios oprimidos y agitó el odio y acusación hacia los opresores.

5. _____ Durante la invasión, las fuerzas militares atacaron violentamente.

a. Al ganar poder, el ambiente que creó llevó al genocidio.

b. Miles de ciudadanos murieron y se destruyeron cientos de marcos históricos del país.

c. Murió en una sublevación (*uprising*) contra la explotación de su gente.

d. Le gustaba vestirse de pirata para jugar.

e. Con frecuencia fue encarcelado con Martin Luther King, Jr.

Práctica 2 Contextos
Escoge la palabra que complete mejor el sentido de cada una de las oraciones.

1. Unos historiadores arguyen que, desde la perspectiva de los indígenas, el viaje de Colón a América no fue un descubrimiento sino..., puesto que las civilizaciones indígenas ya existían antes de la llegada de los europeos.
   a. un esclavo
   b. un encuentro

2. La historia atribuye... de América a Cristóbal Colón.
   a. el pionero
   b. el descubrimiento

3. Durante el período de la Conquista, las tres civilizaciones indígenas fueron... por los conquistadores españoles, lo cual resultó en su desintegración.
   a. descubrimiento
   b. oprimidas

4. Se acusa a Cristóbal Colón de haber... a los indígenas de América.
   a. explotado
   b. invasión

5. Era común entre las grandes civilizaciones indígenas convertir en... a los habitantes capturados de los territorios conquistados.
   a. esclavos
   b. piratas

6. El ex líder serbio, Slobodan Milosevic, es acusado de haber autorizado... de miles de kosovares durante la guerra en Yugoslavia.
   a. el encuentro
   b. el genocidio

7. Debido a la explotación de las riquezas de América por los europeos durante la conquista, éstos son comparados con...
   a. pioneros.
   b. piratas.

8. ...de Normanda durante la Segunda Guerra Mundial resultó en la muerte de miles de soldados, tantos estadounidenses como alemanes.
   a. La invasión
   b. El genocidio

9. Las enfermedades que los europeos habían traído con ellos, como la viruela, ...las civilizaciones indígenas eventualmente.
   a. destruyeron
   b. explotaron

10. El propósito de los europeos después del descubrimiento de América era... los territorios que exploraban.
    a. destruir
    b. colonizar

11. ...Lewis y Clark fueron muy importantes para la exploración del noroeste de los Estados Unidos.
    a. Los encuentros   **b.** Los exploradores

12. Entre... más conocidos están Francisco Pizarro, Hernán de Soto y Cristóbal Colón.
    a. los exploradores   **b.** los piratas

PARA ENTREGAR EN UNA HOJA APARTE

Actividad 1 Asociaciones
Explica las posibles correspondencias entre cada par de palabras.

> MODELO: genocidio y destruir →
> Creo que estas dos palabras se relacionan con lo negativo y la eliminación.
> El genocidio tiene como meta destruir una raza completa.

1. explotar y explorador(a)
2. esclavo/a y oprimir
3. pirata y explorador(a)
4. pionero/a y explorador(a)
5. encuentro y descubrimiento
6. pirata y explorador(a)

Actividad 2 ¿Quién consideras... ?
Contesta las preguntas con información verdadera para ti. Explica tus selecciones. Puedes contestar que no consideras que nadie sea así, pero tienes que explicar por qué.

1. ¿Quién consideras que es pionero/a?
2. ¿Quién consideras que oprime a otros?
3. ¿Qué consideras que es un gran descubrimiento?
4. ¿Quién consideras que es pirata?
5. ¿Quién consideras que es explorador(a)?

Actividad 3 Perspectivas
Usa el vocabulario para describir a Cristóbal Colón desde la perspectiva de los que aparecen en la lista.

> Según los Reyes Católicos Fernando e Isabel
> Según las civilizaciones indígenas conquistadas
> Según tu propia opinión

Gramática

Pluperfect (**Pluscuamperfecto**)

Forms
Use the imperfect form of **haber** with the past participle of the verb to form its pluperfect.

había	habíamos	}	estudiado
había**s**	habíais	}	florecido
había	habían	}	vivido

Functions
To express an action that was completed prior to another point in the past.

Muchas civilizaciones ya **habían florecido** en América antes de 1492.	*Many civilizations had flourished in America before 1492.*

PARA ESCUCHAR

Práctica 1   ¿Yo, tú, nosotros o ellos?

Escoge el sustantivo que corresponda a la forma del pluscuamperfecto en cada oración que escuches.

	YO	TÚ	NOSOTROS	ELLOS
1.	❑	❑	❑	❑
2.	❑	❑	❑	❑
3.	❑	❑	❑	❑
4.	❑	❑	❑	❑
5.	❑	❑	❑	❑
6.	❑	❑	❑	❑
7.	❑	❑	❑	❑

Práctica 2   ¿Quién lo había hecho?

Escoge el pronombre que corresponda a la forma del pluscuamperfecto que escuches en cada oración.

1. **a.** Ud.   **b.** tú   **c.** nosotros   **d.** ellos
2. **a.** tú   **b.** él   **c.** nosotros   **d.** ellos
3. **a.** Ud.   **b.** tú   **c.** nosotros   **d.** ellos
4. **a.** yo   **b.** tú   **c.** nosotros   **d.** ellos
5. **a.** yo   **b.** tú   **c.** nosotros   **d.** ellos
6. **a.** tú   **b.** él   **c.** nosotros   **d.** ellos
7. **a.** tú   **b.** ella   **c.** nosotros   **d.** ellos
8. **a.** tú   **b.** ella   **c.** nosotros   **d.** ellos
9. **a.** tú   **b.** ella   **c.** nosotros   **d.** ellos

*PARA ESCRIBIR

Práctica 1   Un poco de historia

Escoge el verbo que complete mejor el sentido de cada una de las oraciones.

1. Según la historia popular, ningún europeo... el Océano Atlántico antes del año 1492.
   a. había cruzado   **b.** había caminado

2. Ahora se cree que los vikingos... al Nuevo Mundo antes de Cristóbal Colón.
   a. habían viajado   **b.** habían volado

3. Los aztecas no... a ningún europeo antes de la llegada de Hernán Cortés con las tropas españolas.
   a. habían visto   **b.** habían puesto

4. Antes de la llegada de los europeos, ningún indígena de las Américas... de viruela.
   a. había matado   **b.** había muerto

5. Los italianos nunca... tomates antes del intercambio de productos con las civilizaciones indígenas de América.
   a. habían segregado   **b.** habían cultivado

6. La Inquisición ya se... cuando los españoles llegaron al Nuevo Mundo.
   a. había establecido   **b.** había escrito

7. Los españoles nunca... el chocolate antes de descubrir las Américas.
   a. habían practicado   **b.** habían probado

126   *Lección 12*

8. Las civilizaciones indígenas todavía no... el concepto de la rueda cuando llegaron los europeos.
   a. habían ido
   b. habían descubierto

9. Ningún europeo... el mundo antes del explorador Fernando Magallanes.
   a. había circunnavegado
   b. había corregido

10. Los franceses todavía no... postres con vainilla antes del intercambio de productos con los indígenas americanos.
    a. habían cocinado
    b. habían conducido

Práctica 2   ¿Qué habían hecho?

Escoge la forma apropiada del verbo, según el contexto.

1. Mis padres no me... dinero para los libros.
   a. había mandado   **c.** habíamos mandado
   b. habías mandado   **d.** habían mandado

2. Nancy... reservaciones para viajar a España dos semanas antes de comenzar las clases.
   a. había hecho   **c.** habíamos hecho
   b. habías hecho   **d.** habían hecho

3. Los miembros del partido ya... a un director cuando me inscribí.
   a. había elegido   **c.** habíamos elegido
   b. habías elegido   **d.** habían elegido

4. Las madres de los estudiantes se... alrededor de la escuela inmediatamente después de escuchar las noticias en la radio.
   a. había congregado   **c.** habíamos congregado
   b. habías congregado   **d.** habían congregado

5. Cuando nos mudamos a Louisiana, nunca... cangrejos del río (*crayfish*).
   a. había probado   **c.** habíamos probado
   b. habías probado   **d.** habían probado

6. A medianoche, mamá empezó a preocuparse porque tú todavía no... a casa.
   a. había vuelto   **c.** habíamos vuelto
   b. habías vuelto   **d.** habían vuelto

7. Llevamos a mi abuela a las montañas cuando tenía 80 años, porque ella nunca las...
   a. había visto.   **c.** habíamos visto.
   b. habías visto.   **d.** habían visto.

8. Volví del trabajo muy tarde y mi esposo ya... a los hijos.
   a. había acostado   **c.** habíamos acostado
   b. habías acostado   **d.** habían acostado

9. Uds. se quedaron sorprendidos cuando fueron al mercado porque nunca se... tantos colores y olores.
   a. había imaginado   **c.** habíamos imaginado
   b. habías imaginado   **d.** habían imaginado

10. No sé qué le... Ramón a Dora pero ella estaba furiosa cuando la vi.
    a. había dicho   **c.** habíamos dicho
    b. habías dicho   **d.** habían dicho

Práctica 3 Antes de...

Empareja los años con los eventos correspondientes y luego escribe la forma correcta del pluscuamperfecto del verbo entre paréntesis para completar cada una de las oraciones.

1. ____ Antes de 1920...

2. ____ Antes de 1492...

3. ____ Antes de 1450...

4. ____ Antes de 1990...

5. ____ Antes de 1944...

6. ____ Antes de 1863...

7. ____ Antes de 1950...

8. ____ Antes de 1600...

9. ____ Antes de 1980...

10. ____ Antes de 70.000.000 a.C...

a. ...la radio (ser) _____ _____ el entretenimiento más popular en los hogares norteamericanos.

b. ...los esclavos africano-americanos nunca (tener) _____ _____ derechos civiles.

c. ...mucha gente no (reciclar) _____ _____ los periódicos todavía.

d. ...los dinosaurios (vivir) _____ _____ en muchas partes de lo que hoy son los Estados Unidos.

e. ...la mayoría de los estudiantes no (usar) _____ _____ las computadoras personales para hacer sus tareas.

f. ...Gutenberg no (inventar) _____ _____ la tipografía.

g. ...las tribus indígenas (ocupar) _____ _____ casi todo el territorio de las Américas.

h. ...los científicos no (construir) _____ _____ una bomba atómica todavía.

i. ...las mujeres no (ganar) _____ _____ el derecho al voto.

j. ...el mundo no (conocer) _____ _____ la novela *Don Quijote*.

PARA ENTREGAR EN UNA HOJA APARTE

Actividad 1 Antes de llegar a la universidad...

¿Qué experiencias habías tenido y cuáles no habías tenido antes de empezar tus estudios universitarios? Escribe tres oraciones afirmativas y tres oraciones negativas usando el pluscuamperfecto.

MODELO: Antes de empezar los estudios universitarios, yo no *había tomado* bebidas alcohólicas todavía.

Actividad 2 Antes de inscribirme en este curso...

Piensa en tus experiencias sobre el aprendizaje del español antes de este curso. Escribe cinco oraciones describiendo esas experiencias. ¿Fueron positivas o negativas? Usa el pluscuamperfecto.

MODELO: Antes de inscribirme en este curso, no *había hablado* mucho en las clases de español.

Ideas para explorar *Desde otra perspectiva*

Vocabulario

Vocabulario del tema	Definición	Contexto	Otras formas de la palabra
VERBOS			
colonizar	establecer un país colonias en el territorio de otro país	Los españoles colonizaron el Valle de México y su colonia perduró hasta 1810.	colonia colonizado/a
conquistar	hacerse dueño en la guerra de un país o territorio	No sólo los españoles conquistaron el continente americano: los ingleses y los portugueses, por ejemplo, también conquistaron varios territorios.	conquista conquistado/a (*n., adj.*)
emigrar	dejar una persona su lugar de origen para establecerse en otro territorio	Cuando la pobreza es extrema, la gente emigra a veces a otros países más ricos.	emigración emigrado/a
inmigrar	llegar a un territorio distinto de su lugar de origen	Durante la Segunda Guerra Mundial, muchos judíos europeos inmigraron a los Estados Unidos.	inmigración inmigrado/a
SUSTANTIVOS			
el conquistado	persona cuyo territorio ha sido apropiado por otro país por medio de la guerra	Los conquistados perdieron una gran parte de su cultura al asimilar la lengua de los conquistadores.	conquistar conquista conquistado/a
el hemisferio norte y el hemisferio sur	cada una de las dos partes del globo terrestre divididas por el ecuador	En el hemisferio sur, el giro de las tormentas es contrario al del hemisferio norte.	hemisférico/a

Vocabulario del tema	Definición	Contexto	Otras formas de la palabra
el hemisferio occidental y el hemisferio oriental	cada una de las dos partes del globo terrestre divididas por el meridiano de Greenwich	Algunos opinan que la división de la Tierra en dos hemisferios, el occidental y el oriental, facilita la comprensión de las diversas culturas del mundo.	occidente (*m.*) oriente (*m.*) hemisférico/a
el intercambio	transferencia económica o cultural entre dos o más personas o territorios	El intercambio cultural es inevitable hasta en las conquistas más devastadoras.	cambiar intercambiar intercambiado/a
la perspectiva	aspecto que presentan los objetos vistos a distancia o considerados como un todo	La perspectiva latinoamericana y la española con respecto a la conquista son muy distintas.	perspectivo/a
la región	lugar, territorio	Se dice que, en la mayoría de los países, la región del sur es más liberal que la del norte.	regionalizar regionalismo regionalización (*f.*) regional (*adj.*)
el territorio	porción de tierra perteneciente a una nación, región, provincia, etcétera	El territorio estadounidense colinda al norte con Canadá y al sur con México.	territorial (*adj.*)
el vencedor (la vencedora)	persona o país que derrota (*defeats*) a otra persona o país	Los vencedores en la guerra de la conquista esclavizaron al pueblo vencido.	vencer vencimiento vencido/a

PARA ESCUCHAR

Práctica 1   Palabras clave

Escucha las palabras del vocabulario y sus definiciones para familiarizarte con la pronunciación del vocabulario. Para cada palabra, escoge dos palabras o frases clave que te ayuden a recordar su significado. Vas a oír las definiciones dos veces.

> MODELO: (ves)   la región
> (oyes)   Lugar, territorio o zona.
> (escribes)   **a.** lugar   **b.** territorio

1. colonizar   **a.** _____   **b.** _____

2. conquistar   **a.** _____   **b.** _____

3. emigrar   a. _____   b. _____

4. inmigrar   a. _____   b. _____

5. el conquistado   a. _____   b. _____

6. el hemisferio norte y el   a. _____   b. _____
   hemisferio sur

7. el hemisferio occidental y el   a. _____   b. _____
   hemisferio oriental

8. el intercambio   a. _____   b. _____

9. la perspectiva   a. _____   b. _____

10. el territorio   a. _____   b. _____

11. el vencedor   a. _____   b. _____

Práctica 2   Asociaciones

Vas a escuchar unas palabras. Escoge de la siguiente lista la palabra o frase que se asocie mejor con las palabras que escuches.

1. a. el hemisferio del norte   b. el hemisferio oriental
2. a. el hemisferio oriental   b. el hemisferio occidental
3. a. el territorio   b. conquistar
4. a. el intercambio   b. colonizar
5. a. la perspectiva   b. el intercambio
6. a. el territorio   b. la perspectiva
7. a. emigrar   b. colonizar
8. a. el hemisferio del sur   b. el hemisferio del norte
9. a. el hemisferio del norte   b. los vencedores
10. a. los vencedores   b. los conquistados
11. a. los conquistados   b. los vencedores
12. a. conquistar   b. emigrar
13. a. inmigrar   b. colonizar
14. a. el intercambio   b. la región

Práctica 3   Definiciones

Vas a escuchar una serie de definiciones. Escoge la palabra o frase que corresponda a cada definición.

1. a. inmigrar   b. conquistar
2. a. colonizar   b. el intercambio
3. a. la perspectiva   b. los conquistados
4. a. el hemisferio sur   b. el hemisferio norte
5. a. el hemisferio occidental   b. el hemisferio oriental
6. a. el hemisferio occidental   b. el hemisferio oriental
7. a. emigrar   b. colonizar
8. a. el hemisferio sur   b. el hemisferio norte
9. a. conquistar   b. inmigrar
10. a. la región   b. el hemisferio occidental
11. a. el territorio   b. el intercambio
12. a. los conquistados   b. los vencedores
13. a. los conquistados   b. los vencedores
14. a. emigrar   b. colonizar

*PARA ESCRIBIR

Práctica 1 Situaciones

Empareja cada una de las situaciones con la conclusión más lógica.

1. _____ Durante la guerra, muchas familias emigraron del país.

2. _____ Hay varias perspectivas sobre la colonización de América.

3. _____ En Europa, empezaron a usar varias frutas y vegetales de las Américas por primera vez durante la colonización.

4. _____ María pasa los meses de verano, diciembre, enero y febrero, en la playa con sus amigos.

5. _____ Los ingleses colonizaron varios países y territorios en el hemisferio oriental.

6. _____ A José le encantan las Navidades porque le gusta esquiar en la nieve durante las vacaciones.

a. Su familia vive en el hemisferio norte, cerca de las montañas.

b. Inmigraron a los Estados Unidos y otros países americanos.

c. Malaysia, Hong Kong, Ceylon (Sri Lanka) y partes de India formaron parte de su imperio.

d. Vive en el hemisferio sur.

e. Ese intercambio influyó profundamente en lo que ahora son las comidas nacionales.

f. Para muchos grupos fue simplemente una invasión agresiva y violenta.

Práctica 2 Contextos

Escoge la palabra que complete mejor el sentido de cada una de las oraciones.

1. La Amazonia es... que ha sufrido gran explotación forestal por la industria maderera.
   a. una región   b. una perspectiva

2. Guam llegó a ser un... de los Estados Unidos en 1898, después de la guerra entre España y los Estados Unidos.
   a. territorio   b. hemisferio

3. Después de la conquista de las Américas, los europeos llegaron a... los nuevos territorios.
   a. emigrar   b. colonizar

4. El... incluye a Europa y Norte América.
   a. hemisferio occidental   b. hemisferio oriental

5. Hernán Cortés... el imperio azteca en 1521 después de haber fracasado en su primer intento en 1519.
   a. conquistó   b. inmigró

6. Un aspecto positivo de la colonización de las Américas fue... de productos que ocurrió entre los indígenas y los europeos.
   a. emigrar   b. el intercambio

7. Hasta ahora, gran parte de la historia del descubrimiento del Nuevo Mundo ha sido escrita desde... europea.
   a. el territorio   b. la perspectiva

8. El... es la zona en la cual nacen el sol y los demás astros.
   a. hemisferio occidental   b. hemisferio oriental

9. Muchos europeos... a los Estados Unidos al principio del siglo XX.
   a. colonizaron   b. inmigraron

10. Muchos latinoamericanos... a los Estados Unidos con la esperanza de una vida mejor.
    a. emigran   b. conquistan

11. Cuando es invierno en el... es verano en Chile.
    a. hemisferio norte   b. hemisferio sur

12. Con la llegada de los españoles, los aztecas ya no eran vencedores sino...
    a. colonizadores.   **b.** conquistados.

13. Para los marineros que navegan por el... la Cruz del Sur es la constelación que les guía.
    a. hemisferio norte   **b.** hemisferio sur

14. Muchas veces, los... creen que la única manera de mantener control sobre los conquistados es oprimiéndolos, lo cual crea tensiones entre los dos grupos.
    a. vencedores   **b.** inmigrantes

PARA ENTREGAR EN UNA HOJA APARTE

Actividad 1 Asociaciones

Explica las posibles correspondencias que hay entre cada par de palabras.

    MODELO: conquistado y vencedor →
                Creo que estas dos palabras son antónimas; el vencedor tiene poder y el conquistado está bajo el poder del vencedor.

    1. colonizar y conquistar
    2. región y territorio
    3. inmigrar y emigrar
    4. hemisferio norte y hemisferio sur
    5. hemisferio occidental y hemisferio oriental

Actividad 2 Perspectiva desde el Sur

¿Hay cursos en tu universidad que presenten una perspectiva sureña? Busca en el catálogo de tu universidad los cursos en varios departamentos que presentan una perspectiva sureña. Indica el título del curso y cualquier información que aclare la perspectiva que se presenta.

    1. la geografía
    2. la historia
    3. la ingeniería

Gramática

Contrary-to-Fact-Statements

Forms

To form the conditional, add these endings to the infinitive.

-ía	-íamos
-ías	-íais
-ia	-ían

Verbs that have irregular stems in the future have the same stem in the conditional.

decir: dir-	poder: podr-	querer: querr-
hacer: har-	poner: pondr-	tener: tendr-

To form the past subjunctive, add these endings to the stem of the third-person plural preterite.

    extendieron: extendier-

-a	-amos
-as	-ais
-a	-an

Functions

Use the conditional with the past subjunctive to express ideas or situations that are contrary to fact.

Si pudiera, curaría el SIDA   *If I could, I would cure AIDS.*
Si pudiera, eliminaría los prejuicios.   *If I could, I would eliminate prejudices.*

PARA ESCUCHAR

Práctica 1   ¿Si pudieras o si puedes?

Escoge la frase que complete mejor las oraciones incompletas que escuches. Presta atención a las diferencias entre el futuro y el condicional. Vas a oír las oraciones dos veces.

1. **a.** viajaría a México.   **b.** viajaré a México.
2. **a.** muchos estudiantes buscarían trabajo.   **b.** muchos estudiantes buscarán trabajo.
3. **a.** se dañaría los ojos.   **b.** se dañará los ojos.
4. **a.** podríamos hacer una excursión a   **b.** podremos hacer una excursión a
        las montañas.   las montañas.
5. **a.** yo te invitaría a cenar conmigo.   **b.** yo te invitaré a cenar conmigo.
6. **a.** les diría que llegamos tarde porque   **b.** les diré que llegamos tarde porque
        nos perdimos.   nos perdimos.
7. **a.** tendría más amigos.   **b.** tendrá más amigos.
8. **a.** ella lo arreglaría todo.   **b.** ella lo arreglará todo.
9. **a.** habría aun más pobreza y hambre.   **b.** habrá aun más pobreza y hambre.
10. **a.** viviría en Santa Fe.   **b.** viviré en Santa Fe.

Práctica 2   ¿Lo harías o lo harás?

Escoge la frase que complete mejor las oraciones incompletas que escuches. Presta atención a las diferencias entre el presente de indicativo y el pasado de subjuntivo. Vas a oír las oraciones dos veces.

1. **a.** si le ofrecen una beca.   **b.** si le ofrecieran una beca.
2. **a.** si no arranca el coche.   **b.** si no arrancara el coche.
3. **a.** si no vienes a verlos.   **b.** si no vinieras a verlos.
4. **a.** si soy tú.   **b.** si fuera tú.
5. **a.** si deja de llover.   **b.** si dejara de llover.
6. **a.** si su televisor funciona.   **b.** si su televisor funcionara.
7. **a.** si encuentra a una esposa.   **b.** si encontrara a una esposa.
8. **a.** si puede conseguir un préstamo   **b.** si pudiera conseguir un préstamo
        del banco.   del banco.
9. **a.** si comemos antes de las 7:00.   **b.** si comiéramos antes de las 7:00.
10. **a.** si le ofrecen un sueldo bastante alto.   **b.** si le ofrecieran un sueldo bastante alto.

*PARA ESCRIBIR

Práctica 1   ¿Qué pasaría si... ?

Escoge la frase que complete mejor el sentido de cada una de las oraciones.

1. Enrique ganaría más dinero, si...
    a. consiguiera un trabajo nuevo.   **b.** viera más televisión.

2. Graciela se graduaría temprano, si...
    a. tomara unas vacaciones.   **b.** tomara más cursos en el semestre.

3. Ricardo y Elena se casarían, si...
    a. fueran mayores.   **b.** no estuvieran enamorados.

4. Yo iría al partido de basquetbol, si...
    a. tuviera un examen mañana.   **b.** tuviera entrada.

5. Marco leería el libro, si...
    a. fuera un libro horrible.   **b.** hubiera clase mañana.

6. Mis padres me visitarían, si...
    a. estuvieran de vacaciones.   **b.** no pudieran obtener permiso para tomar vacaciones.

7. Yo comería la enchilada, si...
    a. tuviera hambre.   **b.** me doliera el estómago.

8. Bajaría la temperatura, si...
    a. fuera verano.   **b.** nevara.

9. Eduardo invitaría a Sofía a cenar con él, si...
    a. no le gustara.   **b.** no fuera tímido.

10. Mi novia se enfadaría, si...
    a. ella supiera que yo salí con su compañera de cuarto.   **b.** ella sacara una buena nota en el examen de biología.

Práctica 2 Si pudiera...
Escoge la frase que complete mejor las oraciones incompletas a continuación.

1. Si no hubiera intercambio, ...
    a. los italianos no cocinarían con tomates.
    b. los italianos no cocinaran con tomates.

2. Yo montaría a caballo, si...
    a. viviría en Kentucky.
    b. viviera en Kentucky.

3. La gente fumaría menos, si...
    a. los cigarrillos costarían más.
    b. los cigarrillos costaran más.

4. Si los europeos no hubieran descubierto las Américas, ...
    a. los franceses no comerían chocolate.
    b. los franceses no comieran chocolate.

5. Si la rueda no hubiera sido inventada, ...
    a. no conduciríamos coches.
    b. no condujéramos coches.

6. Los habitantes de México todavía hablarían una lengua indígena, si...
    a. los españoles no habrían conquistado a los aztecas.
    b. los españoles no hubieran conquistado a los aztecas.

7. Si no hubiera intercambio entre los continentes, ...
    a. en California no se produciría el vino.
    b. en California no se produjera el vino.

8. Los indígenas no habrían muerto de viruela, si...
    a. los europeos no habrían encontrado el Nuevo Mundo.
    b. los europeos no hubieran encontrado el Nuevo Mundo.

9. Los franceses no usarían vainilla en los postres, si...
    a. no habría intercambio con los indígenas de las Américas.
    b. no hubiera intercambio con los indígenas de las Américas.

10. Si no hubiera intercambio entre culturas, ...
    a. los irlandeses no cultivarían la papa.
    b. los irlandeses no cultivaran la papa.

Práctica 3   ¿Qué pasa o pasaría si... ?

Escoge la frase que complete mejor cada una de las oraciones incompletas a continuación. Presta atención a las diferencias entre el presente de indicativo y el pasado de subjuntivo.

1. ...yo también lucharía por los derechos humanos.
   a. Si yo fuera Rigoberta Menchú,
   b. Si yo soy Rigoberta Menchú,

2. Buscaría trabajo en la ciudad de Barcelona, ...
   a. si hablara bien español.
   b. si hablo bien español.

3. ...participaré en la manifestación política.
   a. Si fuera a Washington D.C. la semana próxima,
   b. Si voy a Washington D.C. la semana próxima,

4. Me ofreceré a ayudar a los huérfanos, ...
   a. si tuviera tiempo libre este semestre.
   b. si tengo tiempo libre este semestre.

5. ...tendrían muchas oportunidades de hablar español.
   a. Si vivieran Uds. en el suroeste de los Estados Unidos,
   b. Si viven Uds. en el suroeste de los Estados Unidos,

6. ...nunca habría cruzado el Océano Atlántico en un barco tan pequeño.
   a. Si fuera Cristóbal Colón,
   b. Si soy Cristóbal Colón,

7. ...pasaré un semestre en España y otro en México.
   a. Si me especializara en español,
   b. Si me especializo en español,

8. Viviré con una familia española...
   a. si estudiara en España el próximo semestre.
   b. si estudio en España el próximo semestre.

9. ...hoy sería verano.
   a. Si estuviéramos en Venezuela,
   b. Si estamos en Venezuela,

10. ...será necesario que todos aprendan a hablar español.
    a. Si la población de hispanohablantes en los Estados Unidos aumentara más,
    b. Si la población de hispanohablantes en los Estados Unidos aumenta más,

11. Si Juan decide no asistir a la universidad, ...
    a. se inscribiría en el ejército.
    b. se inscribirá en el ejército.

12. Si fueras el presidente de la universidad, ...
    a. ¿tendrías clases durante la semana del Día de Acción de Gracias?
    b. ¿tendrás clases durante la semana del Día de Acción de Gracias?

13. Si no hubiera leído el libro antes de ver la película, ...
    a. no la habría entendido.
    b. no la habrá entendido.

14. ...si salgo esta noche.
    a. Iría al concierto de jazz a las ocho,
    b. Iré al concierto de jazz a las ocho,

15. ...si lo conocieras?
   a. ¿Qué le dirías al revolucionario Che Guevara,
   b. ¿Qué le dirás al revolucionario Che Guevara,

16. ...si te visitan?
   a. ¿Dónde se quedarían tus padres,
   b. ¿Dónde se quedarán tus padres,

17. ...si no estuviéramos de vacaciones.
   a. Estaríamos estudiando para los exámenes finales,
   b. Estaremos estudiando para los exámenes finales,

18. Si pudiera ir a cualquier restaurante, ...
   a. me gustaría ir a un restaurante italiano.
   b. me gustará ir a un restaurante italiano.

19. Si comienza a llover, ...
   a. se cancelaría el partido de béisbol.
   b. se cancelará el partido de béisbol.

20. ...si no tocara el violín en la sinfónica.
   a. Yo jugaría al tenis profesional,
   b. Yo jugaré al tenis profesional,

PARA ENTREGAR EN UNA HOJA APARTE

Actividad 1   Una entrevista hipotética

Paso 1   Completa la siguiente entrevista con la forma correcta del pasado de subjuntivo de los verbos de la lista. Usa cada verbo sólo una vez.

asignar	poder	regalar
contestar	preguntar	tener
encontrar	querer	venir
ganar		

1. Si tu compañero/a de casa/apartamento/residencia te _____ si puede fumar marihuana en la casa, ¿qué le dirías?

2. ¿Qué harías si tu mejor amigo _____ copiar tus respuestas en un examen importante?

3. Si tu profesor(a) te _____ una tarea de doscientas páginas para el día siguiente, ¿qué harías?

4. ¿Qué harías si _____ una copia oficial de un examen final una semana antes del examen?

5. Si tú _____ modificar una ley universitaria solamente, ¿qué modificarías?

6. ¿Qué harías si un compañero / una compañera de clase siempre _____ las preguntas del profesor / de la profesora sin darles oportunidades a los otros?

7. ¿Qué harías si _____ un viaje alrededor del mundo pero que tendrías «F» en todas las clases como resultado?

8. ¿Qué harías si una persona te _____ un anillo de diamante después de salir con él/ella sólo una vez?

9. Si la universidad _____ que eliminar el programa de deportes o el de música por falta de dinero; ¿cuál escogerías?

10. Si un amigo / una amiga de tu colegio _____ a visitarte aquí y después de una semana todavía no quisiera volver a su casa, ¿qué harías?

Paso 2 Contesta las preguntas del **Paso 1** con una oración verdadera. ¡OJO! Tendrás que usar el condicional en cada oración.

Actividad 2   Si no hubiera electricidad...

Imagínate que la electricidad no existe. ¿Cómo te afectaría personalmente? Escribe cinco oraciones sobre los efectos de no tener electricidad las veinticuatro horas de un día típico. ¡OJO! Tendrás que usar el condicional en cada oración. Empieza las oraciones con la siguiente frase.

Si no hubiera electricidad...

Actividad 3   ¿En qué circunstancias... ?

Describe las circunstancias en que harías las acciones siguientes. ¡OJO! Tendrás que usar el pasado de subjuntivo en cada oración.

1. Aprendería cuatro idiomas si...
2. Participaría en una manifestación política si...
3. Hablaría con mi profesor(a) de español si...
4. Viviría en otro país si...
5. Presentaría mi candidatura para un cargo público si...
6. Dejaría mis estudios universitarios si...
7. Escribiría una carta al presidente si...
8. Leería las novelas de Tolstoi si...
9. Tomaría más clases de español si...
10. No haría la tarea de español si...

Resumen y repaso

Resumen léxico

Ascendencia e identidad

SUSTANTIVOS
el antagonismo
la ascendencia
los ascendientes

las barreras
la comunidad
la etnicidad
la identidad

el liderazgo
las rencillas
la solidaridad

Símbolos e imágenes

VERBOS
atribuir
captar
caracterizar
encarnar

representar
simbolizar

SUSTANTIVOS
el atributo
el emblema

la imagen
la insignia

¿Descubrimiento, encuentro o invasión?

VERBOS
colonizar
destruir
explotar
oprimir

SUSTANTIVOS
el descubrimiento
el encuentro
el esclavo (la esclava)
el explorador (la exploradora)

el genocidio
la invasión
el pionero (la pionera)
el/la pirata

Desde otra perspectiva

VERBOS
colonizar
conquistar
emigrar
inmigrar

SUSTANTIVOS
el conquistado (la conquistada)
el hemisferio norte y el hemisferio sur

el hemisferio occidental y el hemisferio oriental
el intercambio
la perspectiva
la región
el territorio
el vencedor (la vencedora)

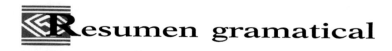

Resumen gramatical

REVIEW OF OBJECT PRONOUNS (LECCIÓN 11)

A. Forms of Direct Object Pronouns

me	nos
te	os
lo/la	los/las

Direct object pronouns agree in gender, number, and person with the direct object noun they replace. They are placed before a conjugated verb and may be attached to the end of an infinitive or present participle. They always come before a negative command and they must be attached to the end of an affirmative command.

B. Functions of Direct Object Pronouns

Direct objects indicate who or what received the action of a verb. Direct object pronouns replace a direct object noun that has already been referred to. They may also serve as the only reference to an object, especially when referring to people if the reference is clear from the context (for example, with **me, te, os,** and **nos**). The direct object pronoun **lo** may be used to replace an entire phrase.

C. Forms of Indirect Object Pronouns

me	nos
te	os
le	les

Indirect object pronouns agree in number and person with the object noun they replace. They are placed before a conjugated verb and may be attached to the end of an infinitive or present participle. They always come before a negative command and they must be attached to the end of an affirmative command.

D. Functions of Indirect Object Pronouns

Indirect object pronouns indicate to whom or for whom the action of the verb takes place. Unlike direct object pronouns, the use of indirect object pronouns is obligatory even when the object is specified in the same sentence. Indirect object pronouns can also express *on* or *from* (something or someone).

E. Using Direct and Indirect Object Pronouns Together

Indirect object pronouns always precede direct object pronouns when they are used together. The indirect object pronouns **le** and **les** become **se** when used in combination with a direct object pronoun that begins with the letter *l* (**lo, la, los, las**).

REVIEW OF PRETERITE (LECCIÓN 11)

A. Forms

The preterite is a past tense formed by adding the following endings to the verb stem.

-ar VERBS		**-er/-ir** VERBS	
-é	-amos	-í	-imos
-aste	-asteis	-iste	-isteis
-ó	-aron	-ió	-ieron

Many verbs have irregular stems in the preterite. Review these forms in **Lecciones 3** and **11** of the textbook.

B. Functions

To narrate events or actions that took place at one specific time in the past.

PLUPERFECT (**PLUSCUAMPERFECTO**) (LECCIÓN 12)

IMPERFECT OF **haber**	+	PAST PARTICIPLE
había		derrocado
habías		sometido
había		decaído
habíamos	+	subido
habíais		conocido
habían		remontado

CONTRARY-TO-FACT-STATEMENTS (LECCIÓN 12)

Conditional + past subjunctive in *if* clauses is used to express that a situation is hypothetical, improbable, or false.

Conditional

INFINITIVE +	ENDINGS =	CONDITIONAL TENSE FORMS
educar	-ía	educaría
	-ías	educarías
	-ía	educaría
	-íamos	educaríamos
	-íais	educaríais
	-ían	educarían

Irregular Forms of the Conditional

CHANGE	INFINITIVE	CONDITIONAL AND FUTURE STEM	CONDITIONAL TENSE FORMS OF FIRST PERSON SINGULAR
drop **e** *from infinitive*	caber haber poder querer saber	cabr- habr- podr- querr- sabr-	cabría habría podría querría sabría
d *replaces* **e** *or* **i** *of infinitive*	poner salir tener valer venir	pondr- saldr- tendr- valdr- vendr-	pondría saldría tendría valdría vendría
idiosyncratic	decir hacer	dir- har-	diría haría

Past Subjunctive

-ar VERBS **aumentar**	**-er** VERBS **establecer**	**-ir** VERBS **prohibir**
aumentara aumentaras aumentara aumentáramos aumentarais aumentaran	estableciera establecieras estableciera estableciéramos establecierais establecieran	prohibiera prohibieras prohibiera prohibiéramos prohibierais prohibieran

Irregular Forms of the Past Subjunctive

INFINITIVE	THIRD PERSON PLURAL PRETERITE		PAST SUBJUNCTIVE
dar	dieren	→	diera, dieras, diéramos, ...
decir	dijeren	→	dijera, dijeras, dijéramos, ...
estar	estuvieren	→	estuviera, estuvieras, estuviéramos, ...
hacer	hicieren	→	hiciera, hicieras, hiciéramos, ...
ir/ser	fueren	→	fuera, fueras, fuéramos, ...
oír	oyeren	→	oyera, oyeras, oyéramos, ...
poder	pudieren	→	pudiera, pudieras, pudiéramos, ...
poner	pusieren	→	pusiera, pusieras, pusiéramos, ...
querer	quisieren	→	quisiera, quisieras, quisiéramos, ...
tener	tuvieren	→	tuviera, tuvieras, tuviéramos, ...
venir	vinieren	→	viniera, vinieras, viniéramos, ...

UNIDAD  6

Perspectivas e imágenes culturales

• •

Examen de práctica

Puntos ganados = ____
Total posible = 62

I. Vocabulario (30 puntos)

A. Definiciones. Escucha la definición y luego escribe su número al lado de la palabra apropiada. (10 puntos)

a. ____ atribuir   **f.** ____ imagen

b. ____ colonizar   **g.** ____ perspectiva

c. ____ comunidad   **h.** ____ rencillas

d. ____ explotar   **i.** ____ simbolizar

e. ____ genocidio   **j.** ____ territorio

B. Asociaciones. Empareja la palabra de la columna A con la palabra de la columna B con la cual se asocia lógicamente. (10 puntos)

A   B

1. ____ ascendencia   **a.** obstáculo

2. ____ atributo   **b.** antepasados

                             c. obligaciones en común

3. ____ antagonismo   **d.** cualidad

                             e. establecerse

4. ____ barrera   **f.** oposición

                             g. dominar

5. ____ destruir   **h.** prisionero

6. ____ emigrar   **i.** figura

                             j. deshacer

7. ____ esclavo

8. ____ imagen

9. ____ oprimir

10. ____ solidaridad

C. Más definiciones.   Empareja cada definición con la palabra correspondiente. (10 puntos)

1. ____ conjunto de características que diferencian a las personas y naciones entre sí

2. ____ condición de las personas que influyen en las acciones y decisiones de una comunidad

3. ____ percibir el significado o sentido de una cosa

4. ____ aspecto que presentan los objetos vistos de una distancia

5. ____ hacer presente una cosa en la imaginación por medio de palabras o figuras

6. ____ personificar; representar alguna idea abstracta

7. ____ la raza, pueblo o nación a la que pertenece una persona

8. ____ persona o país que derrota a otra persona a país

9. ____ coincidir dos o más cosas en un punto o lugar

10. ____ persona que inicia la exploración y población de nuevas tierras

a. captar
b. encarnar
c. encuentro
d. identidad
e. liderazgo
f. perspectiva
g. pionero
h. representar
i. etnicidad
j. vencedor

II. Gramática (26 puntos)

A. Pretérito, pluscuamperfecto.   Escribe la forma correcta del verbo entre paréntesis en el espacio en blanco, según el contexto. (10 puntos)

Las tres grandes civilizaciones indígenas de las que se habla mucho son: la azteca, la maya y la inca. ¿Qué _____[1] (encontrar) los europeos cuando _____[2] (llegar) a las Américas? La civilización maya ya _____[3] (florecer); estaba en su período posclásico. Durante el período clásico los mayas _____[4] (construir) sus grandes centros ceremoniales. La civilización inca inició su época de esplendor en el siglo XV. A la llegada de Francisco Pizarro, el imperio _____[5] (ser) dividido entre dos hermanos que _____[6] (enfrentarse) en una guerra civil. Esta guerra civil les _____[7] (favorecer) a los españoles la conquista del imperio. Un siglo antes de la llegada de los europeos, la civilización azteca _____[8] (crecer) hasta alcanzar una población de 30 millones de personas. Los aztecas _____[9] (establecer) la enseñanza obligatoria mientras que los europeos no _____[10] (aceptar) la necesidad de la enseñanza obligatoria hasta finales del siglo XIX y comienzos del siglo XX.

B. Repaso de los pronombres de complemento directo e indirecto. Escribe la forma correcta del pronombre de complemento directo o indirecto en cada espacio en blanco. Luego, indica a qué civilización indígena se refiere la información. (6 puntos: 1 punto por cada pronombre y 1 punto por la civilización)

1. La mayoría de los (incas, mayas, aztecas) cultivaba lotes de tierra. El estado _____ repartía entre las familias.

2. Los (incas, mayas, aztecas) desarrollaron un sistema de escritura basado en jeroglíficos. Son tan complicados que los científicos todavía no _____ han descifrado por completo.

3. Las familias de un barrio elegían a su jefe. _____ distribuía a las familias las tierras de cultivo que pertenecían comunalmente a todos. (incas, mayas, aztecas)

C. Condicional + el pasado de subjuntivo. Escribe en los espacios en blanco las formas correctas de los verbos entre paréntesis. Luego, indica si lo que se expresa la oración se aplica a tí o no. (10 puntos: un punto por cada verbo y $\frac{1}{2}$ punto por tu opinión)

	SE APLICA A MÍ.	NO SE APLICA A MÍ.
1. _____ (Aprender) cuatro idiomas si _____ (tener) horas libre en mi horario, pues no quiero pasar seis años en la universidad.	❏	❏
2. Si _____ (ser) posible, _____ (tomar) más clases de español.	❏	❏
3. _____ (Aceptar) sacar «F» en todas mis clases si _____ (poder) hacer un viaje gratis alrededor del mundo.	❏	❏
4. No _____ (participar) en la clase si el profesor (la profesora) no _____ (dar) nota por la participación.	❏	❏

III. Información en clase (6 puntos)

Conceptos importantes. Escoge dos de los siguientes conceptos y explica la importancia de cada uno en el contexto en que lo estudiamos en la clase. (6 puntos)

1. la identidad (etnicidad, raza, ascendencia)

_____

_____

_____

2. Pancho Villa

_____

_____

_____

3. una perspectiva desde el Sur

_____

_____

_____

4. 1492: ¿encuentro o genocidio?

_____

_____

_____

5. símbolos culturales y personales

_____

_____

_____

ESCALA DE CORRECCIÓN PARA LA SECCIÓN III

3 puntos	La respuesta está correcta e indica que tienes un buen entendimiento del concepto.
2 puntos	La respuesta está incompleta e indica que tienes entendimiento parcial o limitado del concepto.
1 punto	La respuesta está incompleta; no da detalles; da poca información e/o información incorrecta.
0 puntos	La respuesta indica que todavía no entiendes el concepto.

Apéndice de respuestas

Lección 7

Ideas para explorar   Los recursos disponibles

VOCABULARIO **Para escribir Práctica 1** 1. d 2. a 3. b 4. e 5. f 6. c **Práctica 2** 1. b 2. a 3. b
4. b 5. a 6. b 7. b 8. a 9. b 10. a 11. b 12. b 13. b 14. b 15. a 16. a 17. b 18. a 19. b
20. a 21. b 22. b 23. a 24. b

GRAMÁTICA **Para escribir Práctica 1** 1. los → muebles 2. lo → calendario 3. las → pinturas
4. lo → chiste 5. lo → hombre 6. lo → vino 7. Los → Esteban y Julia 8. Las → hijas 9. lo → dinero
10. la → tarea **Práctica 2** 1. b 2. b 3. a 4. b 5. b 6. a 7. a 8. b 9. a 10. b

Ideas para explorar   La sociedad y los medios de comunicación

VOCABULARIO **Para escribir Práctica 1** 1. b 2. e 3. a 4. c 5. d **Práctica 2** 1. b 2. b 3. a
4. a 5. a 6. a 7. a 8. b 9. a 10. b 11. b 12. a 13. a 14. b 15. a 16. a 17. b 18. a 19. b
20. a 21. a 22. b 23. b 24. b **Práctica 3** 1. d 2. e 3. a 4. c 5. b **Práctica 4** 1. estimulan
2. educan 3. inspiran 4. distrae 5. relaja

GRAMÁTICA **Para escribir Práctica 1** 1. e 2. a 3. d 4. e 5. c 6. a 7. c 8. e **Práctica 2** 1. b
2. a 3. a 4. b 5. a 6. b 7. a 8. b 9. a 10. a **Práctica 3 Paso 1** 1. le 2. le 3. le 4. le 5. le
Paso 2 1. le → la niña 2. le → la niña 3. le → la niña 4. le → la niña 5. le → la niña

Lección 8

Ideas para explorar   ¿Se fomenta una cultura homogénea?

VOCABULARIO **Para escribir Práctica 1** 1. c 2. b 3. a 4. e 5. d **Práctica 2** 1. b 2. a 3. a
4. a 5. a 6. b 7. b 8. b 9. b 10. a 11. a 12. b 13. a 14. b 15. a

GRAMÁTICA **Para escribir Práctica 1** 1. — 2. se 3. se 4. — 5. se 6. se 7. — 8. se
9. se 10. — **Práctica 2** 1. pasivo 2. reflexivo 3. pasivo 4. pasivo 5. pasivo 6. pasivo
7. reflexivo 8. pasivo 9. reflexivo 10. reflexivo **Práctica 3** 1. a 2. a 3. b 4. a 5. a 6. b 7. a
8. a 9. b 10. a **Práctica 4** 1. comunicarse (en el título): reflexivo 2. comunicarse: reflexivo
3. se realizaron: pasivo 4. se mantendrá: pasivo 5. se incrementará: pasivo 6. se pronosticó:
impersonal 7. se sienten: reflexivo 8. se refleja: pasivo **Práctica 5** 1. En 1884 se consiguió la
patente para el primer sistema televisivo completo. 2. En 1936 se produjo la primera programación
regular en Londres. 3. En 1940 se hicieron los primeros experimentos de la televisión en colores.
4. En 1950 se crearon las primeras comedias familiares. 5. En 1954 se produjeron los primeros
televisores en colores para el hogar. 6. En 1965 se lanzó el primer satélite comercial para comunicaciones.

Ideas para explorar   ¿Hacia la globalización?

VOCABULARIO **Para escribir Práctica 1** 1. c 2. e 3. a 4. d 5. b **Práctica 2** 1. a 2. b 3. b
4. a 5. b 6. a 7. a 8. b 9. a 10. b 11. a 12. a

GRAMÁTICA **Para escribir Práctica 1** 1. C 2. C 3. F 4. C 5. F 6. C 7. F 8. C 9. C 10. F
Práctica 2 1. a 2. b 3. b 4. a 5. a 6. b 7. a 8. b 9. a 10. b **Práctica 3** *Checked answers
will vary.* 1. sería 2. ganaría 3. podría 4. tendría 5. duraría 6. me pondría 7. ayudaría 8. saldría
9. estaría 10. daría **Práctica 4** 1. d. se pondrían 2. e. diría 3. h. dejarían 4. g. podrían
5. f. tendrían 6. a. querrían 7. b. haría 8. c. vendrían

Unidad 4   Examen de práctica

I. VOCABULARIO   **A.   a.** 8   **b.** 1   **c.** 10   **d.** 9   **e.** 7   **f.** 3   **g.** 5   **h.** 4   **i.** 6   **j.** 2   **B.   1.** h   **2.** j   **3.** b
4. i   **5.** c   **6.** f   **7.** a   **8.** d   **9.** g   **10.** e   **C.   1.** b   **2.** i   **3.** e   **4.** g   **5.** d   **6.** h   **7.** f   **8.** a   **9.** j   **10** c
II. GRAMÁTICA   **A.   1.** Les   **2.** Se   **3.** Se   **4.** Me   **5.** Me   **B.   1.** gustaría   **2.** censurarían   **3.** tendrían

UNIDAD 5

Lección 9

Ideas para explorar   Las libertades

VOCABULARIO   **Para escribir   Práctica 1   1.** e   **2.** b   **3.** d   **4.** a   **5.** c   **Práctica 2   1.** b   **2.** a   **3.** b
4. b   **5.** a   **6.** b   **7.** a   **8.** b   **9.** a   **10.** b   **11.** a   **12.** b   **13.** a
GRAMÁTICA   **Para escribir   Práctica 1   1.** c. vencerían   **2.** g. liberaría   **3.** f. intentaría   **4.** h. establecería
5. a. crearía   **6.** d. rechazaría   **7.** e. lucharían   **8.** b. exigirían   **Práctica 2   1.** vendría   **2.** tendría
3. comería   **4.** metería   **5.** montaría   **6.** bailaría   **7.** haría   **8.** tomaría

Ideas para explorar   La violación de las libertades

VOCABULARIO   **Para escribir   Práctica 1   1.** b   **2.** c   **3.** a   **4.** d   **5.** e   **Práctica 2   1.** b   **2.** a   **3.** b
4. a   **5.** b   **6.** b   **7.** a   **8.** a   **9.** b   **10.** b   **11.** a   **12.** a   **13.** a   **14.** b
GRAMÁTICA   **Para escribir   Práctica   1.** a   **2.** a   **3.** b   **4.** a   **5.** b   **6.** b   **7.** b   **8.** a   **9.** b   **10.** b   **11.** a
12. b   **13.** b   **14.** a   **15.** a   **16.** b   **17.** a   **18.** b   **19.** a   **20.** a   **Práctica 2   1.** atraigan   **2.** expliquen
3. depende   **4.** ocurran   **5.** miran   **6.** quiera   **7.** se presente   **8.** tenga   **9.** decida   **10.** deseamos

Lección 10

Ideas para explorar   ¿Qué es el sexismo?

VOCABULARIO   **Para escribir   Práctica 1   1.** e   **2.** a   **3.** b   **4.** c   **5.** d   **Práctica 2   1.** b   **2.** a   **3.** b
4. b   **5.** a   **6.** b   **7.** a   **8.** a   **9.** a   **10.** b   **11.** a   **12.** b   **13.** b   **14.** a
GRAMÁTICA   **Práctica 1   1.** que los líderes de los partidos opuestos dejen de conducir campañas
negativas. (volición)   **2.** que el gobierno les devuelva las tierras que perdieron. (volición)   **3.** que la
raza alemana era superior a las demás razas. (no volición)   **4.** que el gobierno mexicano los reconozca
como ciudadanos mexicanos con todos los derechos reservados a los otros ciudadanos. (volición).
5. que han sido maltratados por la mayoría de los estadounidenses con quienes han tenido contacto.
(no volición)   **6.** que la gente se olvide de la atrocidades del gobierno anterior. (volición)   **7.** que
varios oficiales del gobierno mexicano consiguieron sus puestos por vía del fraude electoral. (no volición)
8. que el diálogo entre los Estados Unidos y Cuba es necesario para resolver los problemas entre los
dos países. (no volición)   **9.** que las autoridades mexicanas le den una explicación aceptable sobre el
asesinato del cardenal Juan Jesús Posadas en 1993. (volición)   **10.** que el gobierno estadounidense
anuncie oficialmente los resultados de la investigación sobre los derechos humanos de su país y la
inminente inclusión de éste en el Tratado de Libre Comercio (NAFTA). (volición)   **Práctica 2   1.** siga
2. tiene   **3.** intervenga   **4.** hay   **5.** ha   **6.** fueron   **7.** confirme   **8.** fue   **Práctica 3   1.** b   **2.** b   **3.** b
4. b   **5.** b   **6.** b   **7.** b   **8.** a   **9.** a   **10.** a

Ideas para explorar   El racismo

VOCABULARIO   **Para escribir   Práctica 1   1.** e   **2.** b   **3.** c   **4.** a   **5.** d   **Práctica 2   1.** b   **2.** a   **3.** a
4. a   **5.** b   **6.** a   **7.** b   **8.** b   **9.** a   **10.** b   **11.** a   **12.** a   **13.** b   **14.** a   **Práctica 3   1.** e   **2.** f   **3.** b   **4.** c
5. a   **6.** g   **7.** h   **8.** d
GRAMÁTICA   **Práctica 1   1.** Se juega la Copa Muncial cada cuatro años.   **2.** Se habla guaraní en el
Paraguay.   **3.** Se conmemora la independencia de México el 16 de septiembre.   **4.** Se practican las
corridas de toros principalmente en España y en México.   **5.** Se creó la paella valenciana en Valencia,
España.   **6.** Se inventó la música que se llama el mambo en Cuba.   **7.** Se baila el tango en la Argentina.
8. Se habla gallego en España.   **9.** Se toma mate en la Argentina, Uruguay y Brasil.   **10.** Se celebra la
Nochebuena el 24 de diciembre en el Perú (y en todos los otros países también).   **Práctica 2   1.** En

algunos países, no se respeta el derecho a una prensa libre. **2.** En Kosovo, se destruyeron muchos edificios durante la guerra. **3.** En Sudáfrica, se ignoraron los derechos de los negros por muchos años. **4.** Se creó «Amnesty International» para proteger los derechos de todas las personas. **5.** Hoy, se protegen los derechos de los animales. **6.** Se denunciaron el caso de la marginación y el asesinato de los indígenas guatemaltecos. **7.** Se perpetró el genocidio contra los judíos de Europa durante la Segunda Guerra Mundial. **8.** No se sabe que se asesinaron a millones de indígenas en la Argentina. **Práctica 3** **1.** a **2.** a **3.** a **4.** a **5.** b **6.** b **7.** b **8.** a **9.** b **10.** b **11.** b **12.** a

Unidad 5   Examen de práctica

I. VOCABULARIO **A.** **a.** 1 **b.** 6 **c.** 8 **d.** 2 **e.** 9 **f.** 5 **g.** 7 **h.** 3 **i.** 10 **j.** 4 **B.** **1.** d **2.** j **3.** e **4.** f **5.** b **6.** i **7.** a **8.** g **9.** c **10.** h **C.** **1.** b **2.** h **3.** a **4.** i **5.** d **6.** g **7.** j **8.** c **9.** e **10.** f GRAMÁTICA **A.** *Answers will vary.* **1.** The form is **contribuiría** for either **yo** or **un amigo (una amiga).** It is **contribuirían** for **mis amigos** and **algunos miembros de mi familia. 2.** The form is **participaría** for either **yo** or **un amigo (una amiga).** It is **participarían** for **mis amigos** and **algunos miembros de mi familia. 3.** The form is **arriesgaría** for either **yo** or **un amigo (una amiga).** It is **arriesgarían** for **mis amigos** and **algunos miembros de mi familia. B. 1.** puedan **2.** vivas **3.** tener **C. 1.** consigan **2.** prohíba **3.** participen **4.** elimine **D.** *Answers may vary, but should include:* **1.** Se cree **2.** se fundó **3.** se respetan

UNIDAD 6

Lección 11

Ideas para explorar   Ascendencia e identidad

VOCABULARIO **Para escribir Práctica 1** **1.** c **2.** d **3.** a **4.** e **5.** b **Práctica 2** **1.** a **2.** b **3.** a **4.** b **5.** b **6.** a **7.** a **8.** b **9.** a **10.** b **Práctica 3** **1.** e **2.** f **3.** a **4.** c **5.** d **6.** b GRAMÁTICA **Para escribir Práctica 1** **1.** a **2.** c **3.** b **4.** d **5.** b **6.** a **7.** d **8.** b **9.** c **10.** a **Práctica 2** **1.** c **2.** a **3.** e **4.** c **5.** d **6.** a **7.** d **8.** b **9.** c **10.** c **Práctica 3** **1.** b **2.** a **3.** c **4.** a

Ideas para explorar   Símbolos e imágenes

VOCABULARIO **Para escribir Práctica 1** **1.** d **2.** c **3.** a **4.** b **5.** e **Práctica 2** **1.** b **2.** a **3.** a **4.** b **5.** b **6.** a **7.** a **8.** a **9.** b **10.** a **Práctica 3** **1.** i **2.** g **3.** c **4.** b **5.** h **6.** e **7.** a **8.** d **9.** f **10.** j GRAMÁTICA **Para escribir Práctica 1** **1.** e **2.** c **3.** c **4.** e **5.** d **6.** c **7.** c **8.** c **9.** b **10.** e **Práctica 2** **1.** a **2.** a **3.** b **4.** b **5.** a **6.** a **7.** b **8.** a **9.** a **10.** b **Práctica 3** **1.** b **2.** a **3.** b **4.** b **5.** a **6.** a **7.** b **8.** a **9.** b **10.** a **Práctica 4** **1.** a **2.** b **3.** b **4.** a **5.** a **6.** a **7.** b **8.** b **9.** a **10.** a

Lección 12

Ideas para explorar   ¿Descubrimiento, encuentro o invasión?

VOCABULARIO **Para escribir Práctica 1** **1.** d **2.** c **3.** e **4.** a **5.** b **Práctica 2** **1.** b **2.** b **3.** b **4.** a **5.** a **6.** b **7.** b **8.** a **9.** a **10.** b **11.** b **12.** a GRAMÁTICA **Para escribir Práctica 1** **1.** a **2.** a **3.** a **4.** b **5.** b **6.** a **7.** b **8.** b **9.** a **10.** a **Práctica 2** **1.** d **2.** a **3.** d **4.** d **5.** c **6.** b **7.** a **8.** a **9.** d **10.** a **Práctica 3** **1.** i. habían ganado **2.** g. habían ocupado **3.** f. había inventado **4.** e. había usado **5.** h. habían construido **6.** b. habían tenido **7.** a. había sido **8.** j. había conocido **9.** c. había reciclado **10.** d. habían vivido

Ideas para explorar   Desde otra perspectiva

VOCABULARIO **Para escribir Práctica 1** **1.** b **2.** f **3.** e **4.** d **5.** c **6.** a **Práctica 2** **1.** a **2.** a **3.** b **4.** a **5.** a **6.** b **7.** b **8.** b **9.** b **10.** a **11.** a **12.** b **13.** b **14.** a GRAMÁTICA **Para escribir Práctica 1** **1.** a **2.** b **3.** a **4.** b **5.** b **6.** a **7.** a **8.** b **9.** b **10.** a **Práctica 2** **1.** a **2.** b **3.** b **4.** a **5.** a **6.** b **7.** a **8.** b **9.** b **10.** a **Práctica 3** **1.** a **2.** a **3.** b **4.** b **5.** a **6.** a **7.** b **8.** b **9.** a **10.** b **11.** b **12.** a **13.** a **14.** b **15.** a **16.** b **17.** a **18.** a **19.** b **20.** a

Unidad 6 Examen de práctica

I. VOCABULARIO **A.** **a.** 4 **b.** 9 **c.** 2 **d.** 7 **e.** 5 **f.** 3 **g.** 6 **h.** 1 **i.** 8 **j.** 10 **B.** **1.** b **2.** d **3.** f
4. a **5.** j **6.** e **7.** h **8.** i **9.** g **10.** c **C.** **1.** d **2.** e **3.** a **4.** f **5.** h **6.** b **7.** i **8.** j **9.** c **10.** g

II. GRAMÁTICA **A.** **1.** encontraron **2.** llegaron **3.** había florecido **4.** construyeron **5.** había sido
6. se enfrentaron **7.** favoreció **8.** había crecido **9.** habían establecido **10.** aceptaron **B.** **1.** los, incas
2. los, mayas **3.** les, aztecas **C.** **1.** Aprendería, tuviera **2.** fuera, tomaría **3.** Aceptaría, pudiera
4. participaría, diera